Sigrid Bairlein

Freiarbeit in der Mathematik

Grundschule

1. Jahrgangsstufe

Ⓐⓥ Auer Verlag GmbH

Gedruckt auf umweltbewusst gefertigtem, chlorfrei gebleichtem
und alterungsbeständigem Papier.

2. Auflage. 1998
Nach der Neuregelung der deutschen Rechtschreibung
© by Auer Verlag GmbH, Donauwörth. 1996
Alle Rechte vorbehalten
Zeichnungen: Margit Sillaber
Gesamtherstellung: Ludwig Auer GmbH, Donauwörth
ISBN 3-403-02440-7

Inhalt

Vorwort

Hinter den Begriffen „Freiarbeit", „Freie Arbeit" oder „Offener Unterricht" verbirgt sich ein pädagogischer Ansatz, der dem Lehrer Möglichkeiten für einen anderen, freieren Unterricht eröffnet. Seit vielen Jahren unterrichte ich in der ersten und zweiten Jahrgangsstufe und weiß aus Erfahrung, dass offene und differenzierende Lernformen den Bedürfnissen von Grundschulkindern ganz besonders entgegenkommen.

Freiarbeit ist nicht mehr nur ein Schlagwort oder eine Modeerscheinung, sie hat Einzug in alle Schultypen gehalten und ist in die Lehrpläne verschiedener Bundesländer aufgenommen worden.

Für den Mathematikunterricht bietet sich das freie Arbeiten besonders an. Aufgaben gleicher Art können auf vielfältigem Weg, anhand verschiedener Lernmaterialien, an die Kinder herangetragen werden. Das leichte Herstellen der vielfältigen Materialien ermöglicht vielen Schülern sich zur gleichen Zeit mit denselben Aufgaben zu beschäftigen.

Für dieses Buch wurde der vom Lehrplan vorgesehene Stoff der ersten Jahrgangsstufe in verschiedene Materialien eingearbeitet. Aus den Kopiervorlagen lassen sich Lernschieber, Stöpselkarten, Puzzles, Memory-Spiele und andere Materialien leicht selbst anfertigen. Eine detaillierte Arbeitsanleitung sowie Hinweise zum Einsatz im Unterricht sind im Buch enthalten.

1. Freiarbeit – Was ist das?

Der Begriff der „Freien Arbeit" oder der „Freiarbeit" ist nicht neu. Er stammt aus der Reformpädagogik (Montessori, Freinet, Peter Petersen, …), die von den Bedürfnissen des Kindes ausgeht. Tief verwurzelt ist hier der Respekt vor der Einmaligkeit des Kindes, der die zentralen „montessorischen Freiheiten" in Schule und Unterricht bedingt. In Montessoris Grundriss des Unterrichts- und Schullebens gehören drei Freiheiten: Die „Freiheit des Interesses", die „Freiheit der Kooperation" und die „Freiheit der Zeit" … Diese drei Freiheiten bedingen einander und bilden einen unauflöslichen Zusammenhang.

Übertragen auf die heutige Schulsituation meint Freiarbeit einen Freiraum für das Kind, in dem es Arbeitsmaterial, Sozialform und Arbeitstempo frei wählen kann. Ich habe die Erfahrung gemacht, dass meine Schüler während der Freiarbeit zu ausdauerndem, selbstständigem und konzentriertem Arbeiten angeregt werden. Sie erfahren dabei ihre Grenzen und Möglichkeiten. Durch freie Wahl von Thema und Arbeitsform geht jeder meiner Schüler seinen Neigungen nach, erprobt sie und entwickelt sie oft sogar weiter.

Immer wieder kann ich feststellen, wie dadurch, dass die Kinder den zu bearbeitenden Sachverhalt sowie das Material selbst wählen dürfen, die Lernfreude wächst. In der freien Arbeit kann Über- bzw. Unterforderung weitgehend vermieden werden, da Arbeitsmaterial mit unterschiedlichem Anforderungscharakter zur Verfügung steht. Der Wechsel der Sozialformen wird von den Kindern ganz natürlich gemeistert. Partner-, Gruppen- oder auch Einzelarbeit ist kein Problem mehr, da der Schüler sich in den meisten Fällen die Form selbst auswählen kann.

Neben allen positiven Auswirkungen muss gesagt werden, dass Freiarbeit von allen Beteiligten ein hohes Maß an Disziplin voraussetzt. Die Schüler müssen lernen, welches Verhalten erforderlich ist

1. zur Sache, zum Unterrichtsinhalt,
2. zu ihren Mitschülern,
3. zum Material.

Auch Misserfolge und kritische Stimmen stellen sich zur Freiarbeit ein, die aber keinen Lehrer hindern sollten, seinen Unterricht durch entsprechende Arbeitsweisen zu verändern. Selbstständiges Arbeiten gelingt m. E. in der Freiarbeit besser als im geschlossenen Unterricht, in dem der Lehrer die dominante direktive, der Schüler die untergeordnete Rolle einnimmt. Die Alternative Freiarbeit oder geschlossener Unterricht gibt es für mich nicht, sondern Freiarbeit und geschlossene Unterrichtsformen sollen sich sinnvoll ergänzen.

Einige Gedanken über die Freiarbeit zu Beginn der ersten Klasse: Die meisten Kinder, die zur Schule kommen, können noch nicht lesen. Diese Tatsache muss die Lehrkraft bei der Materialauswahl berücksichtigen. Die eingesetzten Materialien sollten vorwiegend bildhaften Charakter besitzen. Nach einer gewissen Phase des Einübens können aber auch schon zu Beginn Spiele mit „Leseinhalten" gewählt werden. Zur Einführung eines jeden neuen Materials sitzen die Schüler im Sitzkreis. Hierbei lese ich die Texte vor, während die Kinder z. B. das passende Bild suchen. Danach wird das Material „freigegeben", d. h. in das Regal gelegt. Die Schüler nehmen das Spiel sowieso erst dann, wenn sie etwas lesen können. Sie überfordern sich selbst auf keinen Fall. Wichtig ist, die Kinder mit jedem Material bekannt zu machen, dass sie die Spiele verstehen und damit umgehen können.

2. Grundlegende Voraussetzungen für freies Arbeiten

Das Gelingen der Freiarbeit ist in entscheidendem Maß von der unterrichtlichen Gesamtatmosphäre abhängig. Es gilt alle Beteiligten zu berücksichtigen: die Kinder, die Kollegen, die Vorgesetzten, die Eltern und nicht zuletzt den Lehrer selbst.

2.1 Voraussetzungen beim Lehrer

Ein Lehrer, der Freiarbeit in seinem Unterricht, in einer Schule, in der er der „Vorläufer" dieser Idee ist, einsetzen will, tut sich wesentlich schwerer als ein Lehrer, der in einem diesbezüglich aufgeschlossenen Kollegium arbeitet. Ein Lehrer, der Freiarbeit zu einem festen Bestandteil seines Unterrichts machen möchte, muss bereit sein, Schwierigkeiten und Mehrbelastung in Kauf zu nehmen. Er muss bei der Öffnung des Unterrichts nach außen und innen in der Lage sein, ständig das notwendige Gleichgewicht zwischen den Anforderungen des Lehrplans einerseits sowie den Interessen der Kinder und der Eigengesetzlichkeit dieser Unterrichtsform andererseits herzustellen. Er muss eine Verbindung suchen zwischen den Ansprüchen der Sache und der freien Arbeit. Offener Unterricht erwartet einen offenen, engagierten Lehrer. In der Freiarbeit hat der Lehrer nicht mehr die aktive, dominante Position im Unterrichtsgeschehen, vielmehr übernimmt er eine neue Rolle, die eines helfenden Beraters. Es ist nicht leicht, plötzlich das Konzept aus der Hand zu geben. Man kommt sich oft überflüssig vor, da die Schüler selbstständig arbeiten. Dieses Problem löste sich sehr schnell, ich hatte endlich mehr Zeit für bestimmte Kinder. Eine weitere Voraussetzung muss der Lehrer in der Freiarbeit erfüllen, er muss andere Lernbedingungen akzeptieren. Arbeiten die Schüler auf Teppichfliesen oder auf der Couch in der Leseecke, sollte er bereit sein sich zu ihnen zu setzen. Die Distanz zwischen Lehrer und Schüler verringert sich so in erfreulichem Maß.

Weiterhin muss der Lehrer einiges Organisationsgeschick mitbringen. Er soll eine Umgebung gestalten, in der es dem Schüler möglich ist sich frei zu entwickeln.

Freiarbeit benötigt Lehrer, die bereit sind sich auch in der Materialbereitstellung zu engagieren. Trotz Hilfe von Kollegen (Austauschen oder Leihen von Material), trotz der Freizügigkeit des Rektors (viele Materialien wurden gekauft) musste ich immer wieder feststellen, dass ich zu wenig Material hatte. So habe ich viel Zeit damit verbracht, zunehmend individuelle Arbeitsmittel zu schaffen, da die im Handel angebotenen nicht immer die unterrichtliche Situation treffen. Weiterhin muss ich als Lehrer die Handhabung und Regeln der Materialien kennen, um die Schüler in ihren Gebrauch einzuführen.

Der Lehrer muss in der Lage sein, seine Freiarbeit zu verteidigen, unsichere Eltern aufzuklären oder Kritikern mit stichhaltigen Argumenten entgegenzutreten. Das setzt voraus, dass der Lehrer sich intensiv mit der Problematik auseinander gesetzt haben muss und sich mit dieser Unterrichtsform identifizieren muss.

2.2 Voraussetzungen bei den Kindern

Bei den ersten Freiarbeitsversuchen in meinen Klassen erkannten die Schüler schnell, dass zum Erreichen von Zielen und zum Umgang in der Gruppe bestimmte Verhaltensweisen notwendig sind. Sie haben gelernt

– in Ruhe zu arbeiten
– Aufgaben in einer bestimmten Zeit zu erledigen
– verantwortungsvoll mit dem Material umzugehen
– mit einem oder mehreren Partnern zusammenzuarbeiten
– den Freiraum nicht zu missbrauchen
– sich im Klassenzimmer, beim Arbeitsmaterial zu orientieren
– Regeln anzuerkennen und zu befolgen
– Ordnung zu halten
– Material nicht liegen zu lassen, es wieder auf seinen Platz zurückzubringen u. v. m.

Schwierigkeiten gibt es lediglich mit einigen Kindern, die meinen, Freiarbeit sei jeden Tag eine Stunde des Nichtstuns. Diese Schüler verlangen größere Beachtung, damit sie ihre Zeit nicht vergeuden.

Als Hilfe zur Einhaltung der notwendigen Regeln habe ich in meiner Klasse Plakate aufgehängt, welche die Schüler immer wieder daran erinnern, wie sie sich verhalten sollen. Zur Einhaltung der nötigen Disziplin und Lautstärke muss ich nicht immer wieder „Ruhe, bitte!" rufen, sondern ich gehe zu dem betreffenden Schüler hin und deute stumm auf das Plakat. So wird ohne lautes Ermahnen die Ruhe wieder hergestellt.

2.3 Voraussetzungen in der Räumlichkeit

Bei der Freiarbeit unterscheidet sich das Klassenzimmer grundsätzlich von Klassenzimmern, in denen nur im geschlossenen Unterricht gelernt wird. Die Schüler brauchen Ruhezonen und Bewegungszonen, sie sollen hier z. B. basteln können, während andere Gruppen experimentieren, spielen, miteinander sprechen oder still lesen. Wenn man diese verschiedenen Tätigkeiten bedenkt, ist es einsichtig, dass das Zimmer in Zonen aufgeteilt wird. Ideal wäre natürlich ein großes Klassenzimmer, doch meist hat man nur kleine Räume und hohe Schülerzahlen. Hier kommt es dann auf das Organisationsgeschick des Lehrers an. Mit dem Aufstellen von Regalen oder alten Schränken hat man optisch schon eine Ecke geschaffen. Natürlich hat man wohl in den seltensten Fällen alte Möbel, auf die man zurückgreifen kann. Deshalb wurde das Problem beim Elternabend besprochen: Binnen kürzester Zeit waren wir glückliche Besitzer von zwei alten Sofas, einem Regal, Teppichfliesen, Teppichstücken und einem Tisch. Übrig gebliebene Schulbänke dienen nun als Basteltische.

Kann man keine zusätzlichen Arbeitstische aufstellen, sollte es für alle Schüler möglich sein sich im Raum frei zum Arbeitsmaterial zu bewegen, so dass die Schüler an ihrem Platz arbeiten können. Auch die Fensterbänke werden als Stellflächen genutzt, z. B. für Bücher, Stopfpräparate oder gebastelte Werke der Schüler.

Ziel des Einrichtens und Ausgestaltens ist es, aus einem sterilen Klassenzimmer einen wohnlichen Werkraum zu schaffen.

2.4 Voraussetzungen beim Arbeitsmaterial

Der Lehrer, der Freiarbeit plant, merkt schnell, dass diese Unterrichtsform mehr Material verlangt als der geschlossene Unterricht. Wer freie Arbeit auf Lernspiele oder Arbeitsblätter beschränkt, hat m. E. ihre Bedeutung nicht verstanden. Es gibt verschiedene Materialien, die in der Freiarbeit eingesetzt werden können.

2.4.1 Gekauftes Material

Das im Handel erhältliche Material hat den großen Vorteil, dass man wenig Arbeit damit hat. Man kauft es, liest die Spielanleitung durch, vermittelt die Idee den Kindern und das Material kann im Freiarbeitsschrank seinen Platz finden. Die Nachteile darf man aber nicht übersehen: Im Allgemeinen wird der Erwerb für den Einzelnen zu teuer. Ist es in der Schule vorhanden, kann man es nicht als „ständiges" Material im Klassenzimmer deponieren. Außerdem trifft es nicht immer genau den erarbeiteten Stoff.

2.4.2 Von der Lehrkraft hergestelltes Material

Dieses Material hat den Vorteil, dass es exakt auf den Unterricht abgestimmt werden kann. Es ist relativ preiswert in der Herstellung und bleibt immer „Eigentum der Klasse". Zudem befasst man sich intensiver mit dem Stoff, da man das Material selbst entwirft und herstellt. Ein großer Nachteil bei diesem Material ist der hohe Zeitaufwand, den die Herstellung beansprucht.

2.4.3 Von den Kindern selbst hergestelltes Material

Das pädagogisch wertvollste Material ist m. E. das von den Schülern hergestellte. Am Anfang der ersten Klasse ist dies aufgrund der fehlenden Lese- und Rechtschreibsicherheit noch nicht möglich. Gegen Ende der ersten Jahrgangsstufe können die Schüler die ersten Wendekarten aber schon selbst basteln. Auch dieses Material hat den Vorteil, dass es sich genau auf den Unterricht beziehen kann. Die Schüler müssen sich intensiv mit dem Thema beschäftigen, um „gebrauchsfähiges Material" herzustellen. Sie müssen alle Aufgaben selbst lösen, um ihren Mitschülern das Material vorzulegen.

Der Nachteil dieser Herstellungsart ist der Zeitaufwand

sowie die oft unansehnliche Form, die aber bei einem Erstklässler nicht besser sein kann.

Grundsätzlich gilt für alle Materialien:

a) Sie sollten dem Entwicklungsstand der Kinder angemessen sein.

b) Sie sollten dem Unterrichtsprinzip vom Leichteren zum Schwereren entsprechen.

c) Inhalte und Anzahl sollten beim Einsatz begrenzt sein. Ein Überangebot erzeugt oft Unsicherheit.

d) Alle Materialien sollten gekennzeichnet sein. (Beispiel: Mathematik = grüner Punkt, Deutsch = roter Punkt, HSK = gelber Punkt)

Tipp: Dieselbe Farbeinteilung in Schrank- oder Regalfächern erleichtert das Ordnunghalten.

e) Material sollte sich an einem ständig zugänglichen Ort befinden. Bei mir liegt z. B. das Freiarbeitsmaterial für eine Woche auf einem Tisch geordnet, den wir Freiarbeitstisch getauft haben. Hier befindet sich das Material für die Pflichtaufgaben. Das übrige Material finden die Schüler in Regalen und Schränken.

f) Jedes Material sollte so stabil sein, dass es auch einen häufigeren Gebrauch gut übersteht. Bei gekauftem Material ist das kein Problem. Bei selbst hergestelltem Material benutzt man am besten für jede Spielart Karton.

Tipp: Fragen Sie im Supermarkt nach ausrangierten Angebotstafeln oder sonstigen Kartonarten.

Nach dem Bemalen und Beschriften eines Kartons ist es angebracht, das Material mit selbstklebender Folie zu überziehen. Die Schmutz abweisende und verstärkende Wirkung dieser Folie erhöht die Lebensdauer des Materials.

Tipp: Es gibt verschiedene Arten von Folien, sofort fest klebende Folien und Folie mit verzögerter Klebewirkung. Hat man sich mit letzterer „verklebt", beschädigt man sein Material nicht, wenn man sie noch einmal abzieht. Da diese Folie relativ teuer ist, beschlossen wir, d. h. unser Arbeitskreis Freiarbeit, die Folie gemeinsam zu kaufen. Sehr angenehm zum Bearbeiten sind beschichtete Blankokarten, die man nur mit wasserfestem Folienstift zu beschriften braucht.

g) Wenn man sich die Mühe macht und Material selbst herstellt, sollte man – gerade im Grundschulbereich – daran denken, dass die Kinder lieber damit arbeiten, wenn das Material durch Form und Farbe ansprechend ist.

Tipp: Gelb ist besonders motivierend.

h) Letztendlich halte ich es für sehr wichtig, dass das Arbeitsmaterial, wenn möglich, eine Selbstkontrolle erlaubt. Dadurch können die Schüler ohne Lehrerhilfe Fehler erkennen und berichtigen. Die Gestaltung der Selbstkontrolle variiert je nach Material. Beim Vorstellen der einzelnen Materialien wird sie näher erläutert.

3. Arbeitsanleitung

Bei den unter 5. vorgestellten Materialien handelt es sich fast durchweg um kopierfähige Vorlagen, aus denen man mit relativ einfachen Mitteln abwechslungsreiches Material herstellen kann.

Als Hilfsmittel braucht man dazu:

- Lineal
- Schere
- wasserfeste Folienstifte zum Beschriften
- Klebestift oder Sprühkleber
- Karton
- Locheisen
- Folie

Es empfiehlt sich, Arbeitsmaterialien in gängigen Formaten wie DIN A 4, DIN A 5 oder DIN A 6 herzustellen. Kartons in diesen Größen sind leicht zu beschaffen bzw. die Materialien passen in genormte Karteikästen. Wenn Texte oder Bilder aus Zeitschriften, Büchern etc. Verwendung finden sollen, werden sie im Hinblick auf das jeweilige Ordnungssystem auf gleich große Kartons geklebt.
Für alle als Kopiervorlagen gestalteten Materialien bietet sich die nachstehende Verfahrensweise an. Lediglich die Ausmalbilder sind als Verbrauchsmaterial für die Hand der Schüler gedacht. (Das Aufkleben auf Kartons bzw. Überziehen mit Folie erübrigt sich.)

1. Fotokopieren der Vorlagen
2. Ausmalen der Bilder
   (Dies sollte am besten durch die Schüler ausgeführt werden, auch wenn vielleicht die Exaktheit etwas darunter leidet.)
3. Aufkleben auf Karton oder auf Blankokarten
4. Ausschneiden der einzelnen Teile
5. Mit Klebefolie überziehen

Im Hinblick auf die notwendige Haltbarkeit der Materialien ist das Überziehen mit selbstklebender Folie unerlässlich. Da verschiedenste, oft auch unregelmäßige Formen überzogen werden sollen, ist das Aufkleben der Folie nicht ganz einfach.
Die folgenden Hinweise, die auf eigener Erfahrung beruhen, sind als kleine Hilfestellung für Ungeübte gedacht.

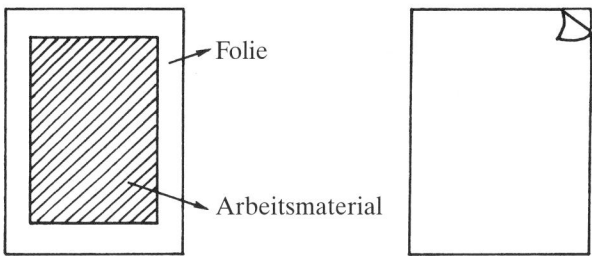

Die einfachste Form für das Überziehen mit Folie sind größere, viereckige Flächen. Man legt das Kartonstück auf die Folie, lässt an den Rändern etwa 1,5 cm überstehen und schneidet die Folie aus.
Zum Abziehen der Schutzfolie knickt man am besten an einer Ecke ein kleines Stück um, so dass man mit dem Fingernagel leicht den Anfang finden kann.

Nun legt man den Karton auf die klebende Seite der Folie. Der überstehende Rand soll verhindern, dass die Arbeitskarte sich vom Karton löst. Am schnellsten lässt sich dieser Rand umbiegen, wenn man vorher die vier Ecken abgeschnitten hat.

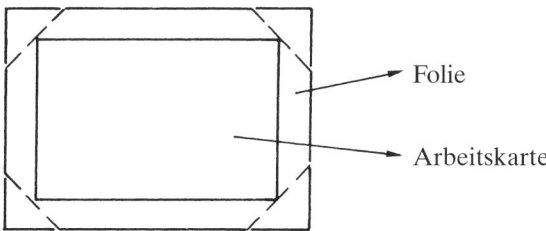

Wenn man die Folie deckungsgleich mit der Arbeitskarte ausschneidet, geht man das Risiko ein, dass Folie und Arbeitskarte sich womöglich vom Karton lösen.
Eine große Hilfe beim Folieren bieten die Laminiergeräte an. Wenn Sie an Ihrer Schule ein solches Gerät zur Verfügung haben, ersparen Sie sich das umständliche Folieren mit der Klebefolie.

4. Erläuterungen zu den vorgestellten Materialien und Spielen

4.1 Ausmalbild

Such-, Ausmal- bzw. Mosaikbilder sind im Mathematikunterricht besonders beliebt. Gerade in der ersten Klasse wird mit derartigen Aktivitäten die Feinmotorik trainiert. In den vorgestellten Beispielen zu den Ziffern 2, 4, 6, 8 und 10 malen die Schüler die Felder, in denen die Ziffer richtig geschrieben ist, aus. Die Lösung ist dann ein mit dem Ausmalen sichtbar werdendes Tier.

Analog zu den Ausmalbildern verbinden die Kinder bei den Ziffern 1, 3, 5, 7 und 9 die richtig geschriebenen Ziffern durch eine fortlaufende Linie. Auch hier ergibt sich als Lösung eine Tierfigur, die später ausgemalt werden kann.

Für die Ausmalbilder zum Lehrplaninhalt „Vorgänger, Nachfolger" (S. 86, 116) werden die Vorlagen kopiert und mit der darüber stehenden Arbeitskarte an die Schüler verteilt. Diese müssen auf der Arbeitskarte Vorgänger und Nachfolger eintragen. Nachdem sie alle gefunden haben, werden alle Felder mit den Ergebniszahlen im Bild ausgemalt. Bei richtiger Lösung entsteht ein Bildmotiv.

Werden die Karten mit Folie bezogen, können sie mit wasserlöslichem Folienstift wiederholt bearbeitet werden.

4.2 Stöpselkarte

Stöpselkarten, im Fachhandel schon lange bekannt, sind bei vielen Schülern ein sehr beliebtes Arbeitsmaterial. Wie alle Arbeitsmittel in der freien Arbeit, folgt es der Forderung, „mit Kopf, Herz und Hand" zu lernen. Einige Verlage bieten fertige Stöpselkarten zum Verkauf an. Aber nicht jede Schule finanziert diese Anschaffung. Das Selbstherstellen erfordert nicht viel Zeit, ist billig und kann den jeweiligen Unterricht einbeziehen. Beim Anfertigen der Stöpselkarten ist man in keiner Weise an irgendein Format oder eine äußerliche Form gebunden. Zur Arbeit mit Stöpselkarten benötigt man die Karten selber, Holzständer sowie passende Stöpsel (im Spielwarenhandel erhältlich).

Der Arbeitsaufwand bleibt relativ gering, wenn man folgende Tipps beachtet:

- Am besten lässt man unten an der Stöpselkarte einen etwa 2 cm breiten Rand frei, der dann in die Setzleiste rutscht.
- Verwendet man keine Kopiervorlage, so zeichnet man sich am besten eine Schablone und fotokopiert diese, bevor man die Texte einträgt.
- Eine einheitliche Größe der Karten erleichtert das Ordnunghalten im Schrank!
- Zum Einstanzen der Löcher leistet ein Locheisen gute Dienste.

Arbeitsweise:

Das Einführen der Arbeit mit Stöpselkarten bedeutet keinerlei Schwierigkeiten. Schon zu Beginn der ersten Klasse ist es für Schulanfänger nicht schwer, dieses Material richtig zu gebrauchen.

In meiner Klasse stehen auf einer alten Schulbank immer Stöpselkarten. Die Schüler gehen oft dorthin und arbeiten vollkommen selbstständig, weil sie auf jeder Karte klare Arbeitsaufträge finden.

Die ersten Beispiele für Stöpselkarten in diesem Buch (S. 21) befassen sich mit dem Lerninhalt „Erkennen und Vertiefen der richtigen Ziffernschreibweise". Das Kind sieht in jeder Reihe fünf Ziffern und erkennt, dass nicht alle der richtigen Schreibweise entsprechen. Gemäß dem Arbeitsauftrag „Stöpsle nur die richtige Ziffer" unterscheidet es zwischen richtiger und falscher Schreibweise. Hat es die korrekt geschriebene Ziffer gefunden, stöpselt es im entsprechenden Loch. So verfährt es in jeder neuen Reihe.

Ist der Schüler mit dem Stöpseln fertig, dreht er den Ständer mit der Karte um. Durch die Farbmarkierung des richtigen Lochs sieht das Kind sofort, ob seine Antworten richtig oder falsch sind.

Stöpselkarten sind besonders gut für Einzelarbeit geeignet, da sich die Schüler selbst kontrollieren können. Aber auch zur Partnerarbeit bietet sich dieses Material an. Die Kinder lösen abwechselnd die Aufgaben und kontrollieren sich gegenseitig. Die unmittelbare Rückmeldung der erbrachten Leistung fördert die Motivation der Schüler. Arbeiten die Schüler längere Zeit mit Stöpselkarten, so wird es sie bald reizen selber solche Karten herzustellen.

Tipp: Bunte Verstärkungsringe sind zum Markieren der richtigen Lösung nicht geeignet, da sie sich sehr schnell von der Karte lösen. Billiger und dauerhafter ist es, die Lösung mit einem wasserfesten Folienstift zu umkreisen.

4.3 Burgspiel

Spiele jeglicher Art sind ein fruchtbares und motivierendes Arbeitsmaterial. Dabei wird über die spielerische Tätigkeit des Schülers ein Lernerfolg gesichert.

Zur Arbeit mit dem ersten Spiel „Burgspiel" benötigt man die Vorlage, aufgeklebt auf Karton, angemalt und foliert, weiterhin Würfel und Spielsteine. Sollen mehrere Schüler bei diesem Spiel mitwirken, ist es ratsam, die Vorlage zu vergrößern.

Arbeitsweise:

Die Schüler stellen ihren Spielstein nacheinander nach dem ersten Würfeln auf das von ihnen erwürfelte Feld am Fuß der Burg. Schon hier erkennen die Kinder, dass man nur seinen Spielstein ablegen kann, wenn man eine Zahl zwischen 1 und 5 würfelt. Derjenige, der eine 6 würfelt, muss warten, bis er wieder an der Reihe ist. Bei der nächsten Runde darf nur derjenige seinen Stein in die zweite Reihe setzen, der eine von den dort geforderten Zahlen gewürfelt hat, hier 1, 3, 4 oder 5. Bei der nächsten Runde darf nur derjenige, der eine Zahl aus der dritten Reihe gewürfelt hat, seinen Spielstein vorsetzen. Wer zuerst die Burg erreicht hat, ist Sieger dieses Spiels.

Die angebotene Blankovorlage (S. 177) ermöglicht es Ihnen, dieses Spiel variabel zu einem späteren Zeitpunkt einzusetzen. Sie können z.B. die Würfelzahlen durch Ziffern oder Aufgaben ersetzen. Eine Möglichkeit besteht darin nur die untere Reihe zu „beziffern". Zahlen, die unmittelbar nebeneinander stehen, müssen addiert werden. Ihre Summe wird vom Schüler in das darüber stehende Feld geschrieben. Ist die zweite Reihe „errechnet", löst man nach der gleichen Art die dritte usw. Wer zuerst die Burgzahl erreicht hat, hat gewonnen.

4.4 Lernschieber

Der Lernschieber ist ein Arbeitsmittel, welches schnell herzustellen und besonders gut in Einzelarbeit einzusetzen ist. Er besteht aus einer Arbeitskarte und einem beweglichen Teil, dem Schieber. Es ist sinnvoll, sich auf ein einheitliches Maß (Breite: ca. 10 cm, Höhe: variabel, je nach Anzahl der Aufgaben) festzulegen, so dass für alle Karten in jedem Fach nur ein Schieber benötigt wird.

Bei eigener Herstellung benutzt man am besten Schablonen, trägt den Lernstoff ein und überzieht die Karte mit Folie. Sind Bilder auf der Arbeitskarte, empfiehlt es sich diese auszumalen.

Zur Herstellung des Schiebers nimmt man ein Stück biegsamen Karton, ca. 6 cm × 22,5 cm, und knickt an einer Schmalseite einen ca. 1,5 cm breiten Streifen als Klebefalz um. Die restliche Fläche überzieht man auf beiden Seiten mit Klebefolie – so gleitet der Schieber leichter über die Arbeitskarte. Nun faltet man den Streifen genau in der Mitte und klebt den Klebefalz an der anderen Schmalseite fest. Der Schieber lässt sich nun problemlos über die Arbeitskarte schieben.

Das Beispiel (S. 25) behandelt das Lehrplanthema „Verstehen der Zahl als Anzahl" wie schon zuvor die Stöpselkarten.

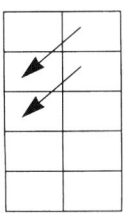 Das Kind platziert den Schieber so, dass nur die oberste Reihe zu sehen ist. Die unteren Zahlen sind durch den Schieber verdeckt. Das Kind überlegt, wie viele Fische im Wasser schwimmen, nennt für sich oder in Partnerarbeit die Lösung und schiebt zur Kontrolle den Schieber ein Feld nach unten. Dort steht links die Lösung, während rechts das nächste Bild erscheint. So verfährt der Schüler bis zum letzten Bild. Hat man keine passende Kopiervorlage zur Verfügung, so kann man sich für die Arbeitskarten Schablonen zeichnen und vervielfältigen, die sich für alle Fächer verwenden lassen.

Beispiel:

	3+4				En_e	
7	5+1			t	Do_f	
6	6−2			r	lau_	
4	2+3			f	Erd_	
5		Mathematik		e		Deutsch

4.5 Zahlen-Würfel-Spiel

Für das Zahlen-Würfel-Spiel (S. 27) schneidet man die Kopiervorlage aus, klebt sie auf einen Karton, malt die Bilder aus und foliert den Spielplan. Weiterhin werden Würfel und Spielsteine benötigt.

Spielregel:

Die Schüler würfeln reihum. Es beginnt derjenige, der die höchste Augenzahl gewürfelt hat. Er startet beim Startfeld und setzt seine Spielstein um so viele Felder vor, wie er gewürfelt hat. Bleibt er auf einem Feld mit einer Zahl stehen, entscheidet das lachende oder weinende Gesicht, ob er der Zahl entsprechend vorrücken darf oder zurücksetzen muss. Nur wer mit genauem Wurf das Ziel erreicht, ist Sieger des Spiels.

4.6 Laternenspiel

Das „Laternenspiel" (S. 28) sowie die Ereigniskarten werden kopiert, ausgeschnitten, auf Karton geklebt, evtl. ausgemalt und foliert. Weiterhin benötigt man Würfel und Spielsteine.

Spielregel:

Alle Spieler würfeln der Reihe nach. Derjenige mit der höchsten Augenzahl beginnt. Er setzt seinen Spielstein um die gewürfelte Zahl weiter. Erreicht er dabei ein Laternenfeld, so darf er eine Ereigniskarte ziehen, die ihm sagt, was er nun tun muss.

Erklärung der Ereigniskarten:

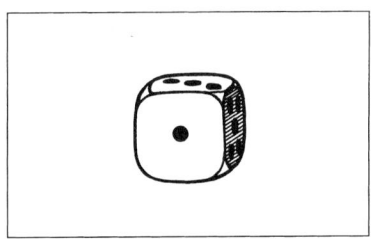

Würfle noch einmal!

Der Mond schläft. Einmal aussetzen.

Rücke 4 Felder vor!

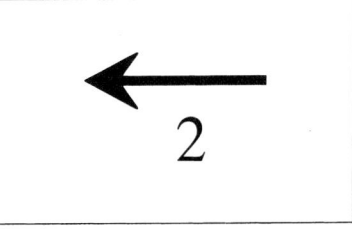

Gehe 2 Felder zurück!

Nur wer mit direktem Wurf das Ziel erreicht, ist Sieger des Spieles.

4.7 Auftragsscheibe

Die Auftragsscheibe ist in allen Klassen und in vielen Lernbereichen einsetzbar und bietet sich vor allem für Partnerarbeit an. In der rechteckigen Hülle befindet sich auf beiden Seiten je ein „Fenster", das jeweils auf der einen Seite eine Aufgabe und auf der anderen Seite das zugehörige Ergebnis sichtbar werden lässt.
Beispiel aus dem Mathematikunterricht (S. 31):

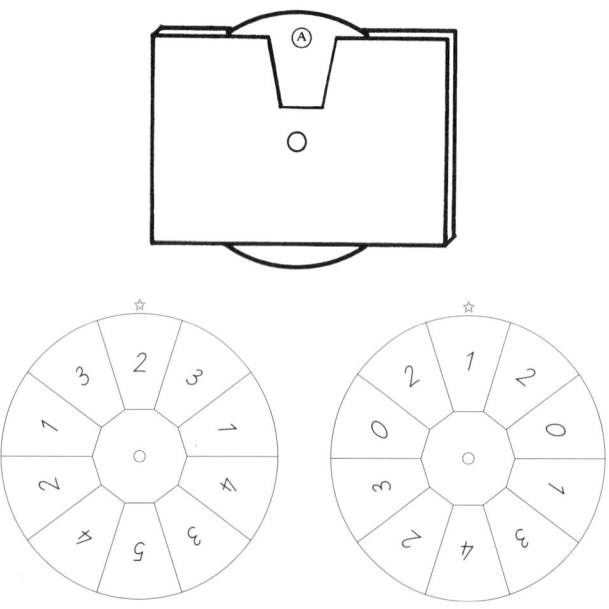

Beispiel aus dem Heimat- und Sachkundeunterricht:
Das vorgestellte Beispiel soll die Schüler mit dem Thema „Zimmer einer Wohnung" vertraut machen.

Beispiel:

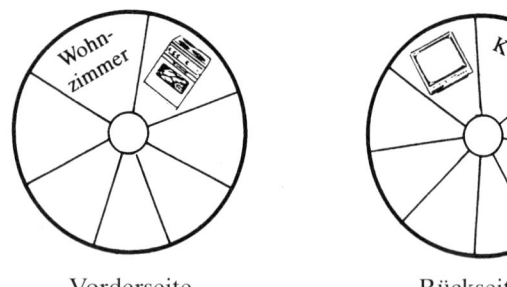

Vorderseite   Rückseite

Arbeitsweise:

Zwei Schüler sitzen sich gegenüber und halten die Auftragsscheibe zwischen sich. Schüler A löst die im Fenster sichtbare Aufgabe, im oben abgebildeten Beispiel „Nenne den Vorgänger von 2". Nachdem Schüler A die Lösung gesagt hat, bestätigt Schüler B oder korrigiert das Ergebnis, welches in seinem Fenster erscheint (hier: B sieht die 1 und bestätigt die Lösung von A). Nun wird die Scheibe weitergedreht und es erscheint die Zahl 4. Schüler A nennt die Lösung „Der Vorgänger von 3 ist 2": Schüler B kann die Lösung bestätigen oder korrigieren.

Durch Auswechseln der jeweiligen Scheibe, d. h. der Inhalte ist die Auftragsscheibe vielseitig verwendbar. Beim Herstellen der Auftragsscheibe ist darauf zu achten, dass die Vorlagen für die Vorderseite und für die Rückseite standrichtig aufgeklebt werden. Andernfalls könnte sich eine falsche Zuordnung von Aufgabe und Lösung ergeben. Die Kopiervorlagen dieser Sammlung sind mit entsprechenden Symbolen gekennzeichnet.

4.8 Klammerkarte

Die Klammerkarte wird ähnlich der Stöpselkarte im Unterricht spielerisch eingesetzt. Wie der Name schon sagt, benötigen Sie außer der Spielvorlage, die Sie ausgeschnitten, ausgemalt, auf Karton aufgeklebt und foliert haben, noch Spielzeugklammern (erhältlich in Spielwarengeschäften). Genauso gut können farbige Büroklammern verwendet werden.

Tipp: Lassen Sie beim Aufkleben, wie bei den Stöpselkarten, unten einen Rand von ca. 2 cm frei für die Setzleiste.

Die Schüler sollen beim ersten Beispiel (S. 34) eine rote Klammer an den rechten oder linken Rand setzen, wenn das „Größer-als-Zeichen" gefordert wird, eine gelbe Klammer beim „Kleiner-als-Zeichen" und eine grüne Klammer, wenn das „Ist-gleich-Zeichen" gefordert wird. Es empfiehlt sich, die Zeichen und die zugeordnete Farbe auf jeder Karte deutlich anzubringen. Bei der Einführung des Materials sollte ausdrücklich darauf hingewiesen werden.
Zur Kontrolle dreht der Schüler zum Schluss die Karte um und sieht einen bunten Punkt neben der Klammer. Ist das Ergebnis richtig, wird die Farbe des Punktes mit der Farbe der Klammer übereinstimmen.

Alternative:

Bei schon vorgegebenen Zeichen wird nur bei richtigen Lösungen geklammert. Auch hier finden die Schüler auf der Rückseite durch ein Symbol die Bestätigung ihrer Arbeit.

4.9 Domino

Ausgehend von der Idee des Dominospiels, bei dem immer Spielsteine mit gleicher Augenzahl aneinander gelegt werden, kann man Spielmaterial für den Unterricht herstellen. Es gilt, zu einem Bild ein passendes Symbol zu finden, später vielleicht einen Begriff oder einen kleinen Text oder umgekehrt.
Der Vorteil aller Dominos liegt darin, dass der Lehrer bei der Herstellung wie beim Einsatz großen Spielraum hat. Er kann sein Domino an jeder beliebigen Stelle unterbrechen, beenden oder erweitern.
Dominospiele sind geeignet für Einzel-, Partner- und Gruppenarbeit. Grundsätzlich kann man sie in der Freiarbeit wie in jeder Phase des geschlossenen Unterrichts einsetzen.
Wie schon erwähnt soll in der Freiarbeit für die Schüler eine Möglichkeit zur Selbstkontrolle angeboten werden.

Für das Dominospiel heißt das, dass die Karten auf der Rückseite durchgehend nummeriert werden. Die Kinder können sich so jederzeit selbst überprüfen.

Arbeitsweise:

Dominos sind für Schüler nicht schwer zu spielen. Sie suchen aus der Vielzahl der Karten den „Start" (Symbol A = Anfang) heraus. Auf derselben Karte finden sie entweder ein Symbol, zu dem sie die passende Zahl suchen müssen oder ein Bild, zu dem sie den passenden Text/Zahl suchen müssen. Haben die Schüler die passende Karte gefunden, wird sie angelegt und die nächste gesucht. So wird das Spiel fortgesetzt, bis die letzte Karte (Symbol E = Ende) angelegt ist.

4.10 Memory

Memoryspiele sind den Kindern schon von der Vorschulzeit her bekannt. Sie eignen sich vorzüglich dazu, das Konzentrationsvermögen zu steigern, weil die Kinder sich über längere Zeit mit einer Sache beschäftigen müssen. Zum erfolgreichen Spielen gehört zudem ein gutes Gedächtnis. Ziel beim Memoryspiel ist es so viele Kartenpaare wie möglich zu sammeln. Durch die Vielfalt der Gestaltungsmöglichkeiten eignet es sich gut für den Einsatz im Mathematikunterricht. Deshalb werden in dieser Sammlung mehrere Themen durch Memoryspiele abgedeckt.

Zur Herstellung eines Memoryspiels nimmt man ein Blatt Papier, unterteilt es in so viele quadratische Felder, wie man benötigt und klebt dieses Blatt (wie die kopierfähigen Vorlagen dieser Sammlung) auf ein Stück Karton.

Tipp: Wenn man ein Musterblatt herstellt und dieses leer einige Male fotokopiert, so braucht man nicht jedes Mal die Kästchen neu zu zeichnen.
Da beim Memoryspiel jedes Bild doppelt benötigt wird, muss man die Zeichnungen bzw. die Vorlagen dieses Buches zweimal fotokopieren. Eine andere Möglichkeit ist, durch Bild und zugehörige Aufgabe oder Aufgabe und Ergebnis zusammengehörende Kartenpaare herzustellen.

Arbeitsweise:

Die Kinder mischen und verteilen die Memorykarten auf dem Boden mit der Rückseite nach oben.
Der erste Schüler hebt zwei Karten hoch, deckt sie für alle Schüler sichtbar auf. Haben die Karten ein zusammengehöriges Motiv, im Beispiel auf Seite 53 Aufgabe + Bild, gehören sie dem aufdeckenden Spieler, der es dann gleich noch einmal versuchen darf. Gehören die Karten nicht zusammen, werden sie wieder umgedreht und der nächste Spieler ist an der Reihe. Wer am Schluss die meisten Kartenpaare hat, ist Sieger.
Dieses Spiel eignet sich besonders zur Partner- oder Gruppenarbeit. Im offenen Unterricht ist es jederzeit einsetzbar, im geschlossenen Unterricht eignet es sich in erster Linie für Motivations- und Übungsphasen.

4.11 Elefantenspiel

Der evtl. vergrößerte und ausgemalte Spielplan wird auf Karton aufgezogen und zur besseren Haltbarkeit foliert. Zum Spielen braucht man außerdem Würfel und Spielsteine.

Spielregel:

Vier Schüler setzen ihre Spielsteine auf die Startfelder. Derjenige, der die höchste Augenzahl gewürfelt hat, beginnt. Er hat z. B. eine 4 gewürfelt. Er setzt seinen Spielstein auf den vierten Elefanten. Kann er die Aufgabe lösen, darf er stehen bleiben. Bei einer falschen Lösung muss er sich ausruhen und geht auf einen „Ruheplatz", d. h. zum vorausgehenden Baumstamm zurück. Hier wartet er, bis er wieder an der Reihe ist. Sieger ist, wer zuerst das Ziel erreicht.

4.12 Mäusespiel

Der Spielplan wird kopiert, angemalt und foliert. Er kann zuvor auch nach Belieben vergrößert werden. Zum Kennzeichnen der Mäuse, die sich retten können, werden Spielsteine, Knöpfe oder Ähnliches benötigt.

Spielregel:

Das Spiel wird nach der Regel „Welche Maus wird gefangen?" gespielt. Gefangen werden alle, die keine 5 als Ergebnis ihrer Aufgabe haben, denn nur die „Fünfer-Mäuse" können sich ins Mauseloch retten. Das Spiel kann man als Partner- oder Gruppenspiel spielen. Auf jede „Fünfer-Maus" wird ein Spielstein gesetzt. So ist bald klar, welche Mäuse der Katze entkommen können.
Nach dem gleichen Prinzip funktioniert auch das Mäusespiel auf S. 76.

4.13 Kletterspiel

Die Karten werden kopiert (evtl. vergrößert), ausgeschnitten, auf Karton aufgeklebt und foliert. Die Karten können in Einzel-, Partner- oder Gruppenarbeit bearbeitet werden.

Spielregel:

Einzelarbeit:

Ein Schüler nimmt die Karten und schreibt mit wasserlöslichem Folienstift das Ergebnis auf die Karte. Kontrolle auf der Rückseite.

Partnerarbeit:

Schüler A rechnet, Schüler B kontrolliert. Danach wechseln sie die Rollen.

Gruppenarbeit:

Die Karten werden an vier Schüler ausgeteilt. Wer am schnellsten seine Lösungszahl hat, ist Sieger.

4.14 Buchstabenrätsel

Aus Zeitschriften, besonders Rätselzeitschriften, sind die Buchstabenrätsel bekannt. Es werden Begriffe gesucht, die dann in die jeweiligen Leerfelder eingetragen werden. Die Kontrolle erfolgt durch das Lösungswort, welches die Schüler in einem dick eingerahmten Feld finden.

Diese Rätsel werden aufgeklebt und als Langzeitarbeit in den Schrank gelegt. Die Schüler nehmen sich ab und zu von selber die Rätsel heraus oder sie erscheinen von Zeit zu Zeit als Wiederholung auf dem Wochenplan.

Tipp: Die Buchstabenrätsel auch mit Folie überziehen und von den Schülern mit wasserlöslichen Stiften ausfüllen lassen.

Arbeitsweise:

Die Schüler erhalten das Blatt (z. B. Vorlage S. 78) und rechnen die Ergebnisse aus, die sie in die kleinen Kreise eintragen. Danach suchen sie für ihre Ergebniszahlen die richtigen Buchstaben und tragen sie in der richtigen Reihenfolge in die Leerfelder ein. Bei richtiger Lösung entsteht das Lösungswort: Rechenkönig.

4.15 Wie oft hält die Bahn an?

Der Spielplan (S. 79) wird kopiert (evtl. vergrößert), angemalt, auf Karton geklebt und foliert.

Arbeitsweise:

Das Kind soll ausrechnen, wie oft die Straßenbahn anhält. Das kann es, wenn es ausgehend von der Anfangszahl die in den Fenstern stehenden Zahlen addiert bzw. subtrahiert. In jedem Fenster werden bis zu drei Aufgaben gestellt. Zur Kontrolle werden auf der Rückseite die Ergebnisse angegeben.

4.16 Der Höhere sticht

Die Aufgabenkarten werden kopiert, auf Karton aufgezogen und foliert.

Arbeitsweise:

Die Karten werden an zwei oder drei Kinder verteilt, die sie auf einen Stapel legen. Jedes Kind rechnet die Aufgabe, die auf seiner obersten Karte steht, aus. Wer das Ergebnis mit dem höchsten Zahlenwert hat, bekommt die Karten der Mitspieler.

4.17 Peterspiel

Einfach, spannend und immer wieder motivierend ist das Peterspiel. Es folgt der Spielidee des allen bekannten „Schwarzen Peters".

Sollen Peterspiele hergestellt werden, benötigt man gleich große Kärtchen aus Karton. Sehr gut eignen sich Blankokarten, die durch ihr gleichmäßiges Aussehen im Spiel keine vorzeitigen Lösungen und Spekulationen zulassen. Man braucht eine Anzahl von Karten, die durch 2 teilbar ist, dazu noch die Peterkarte.

Die gezeichneten oder kopierten Vorlagen klebt man auf Karton oder auf die Blankokarten, so dass immer zwei zusammengehören. Zur Erleichterung kann auf den zusammengehörenden Karten noch ein gleiches Symbol erscheinen, so dass die Schüler beim Sammeln ganz sicher gehen.

Das Beispiel (S. 90) behandelt das Thema „Tausch- und Umkehraufgabe".

Arbeitsweise:

Die Karten werden an die Mitspieler verteilt, bis keine mehr übrig ist. Wer zwei Karten hat, die zusammengehören, legt diese sofort ab. Die Kinder können Tauschaufgaben und Umkehraufgaben ablegen. Nun zieht ein Schüler nach dem anderen von seinem Nachbarn eine Karte. Dies wiederholt sich im Kreis herum so lange, bis alle Kartenpaare abgelegt sind. Wer zum Schluss die Karte mit dem „Schwarzen-Peter-Symbol" in der Hand hält, hat (diesmal) nicht gewonnen.

Dieses Spiel eignet sich nur als Gruppenspiel. Sein Lerneffekt liegt darin, dass die Schüler Disziplin beim Spielen lernen sowie Konzentration beim Sammeln lernen müssen. Ein weiterer Vorzug dieses Spieles ist es, dass man es im Unterricht durch Herausnehmen der Peterkarte als Memory verwenden kann. Der Arbeitsaufwand ist derselbe und man hat gleich zwei Spiele.

Außerdem lässt sich sowohl beim Peterspiel als auch beim Memory die Anzahl der Karten beliebig erweitern oder verringern. So kann man einfache, aber auch umfangreichere Themen bearbeiten.

Variation:

Wenn man die „Peterkarte" weglässt, können die Schüler Quartett spielen, indem sie alle vier zusammengehörenden Karten sammeln müssen.

Beispiel:

$6+1=7$	$1+6=7$	$7-1=6$	$7-6=1$

4.18 Pfeildomino

Diese Dominovariante, die sich für Aufgaben, bei denen ein Platzhalter in der Mitte gefunden werden soll, besonders anbietet, unterscheidet sich lediglich in seiner Form von dem auf Seite 12 beschriebenen Domino. Das Spielprinzip ist das gleiche. Das Spiel kann in Einzel-, Partner- oder Gruppenarbeit durchgeführt werden.

Arbeitsweise:

Einzelarbeit:

Das Kind verteilt die Karten mit der Oberseite nach oben auf seinem Arbeitsplatz. Es beginnt mit einer Karte, z. B.

legt sie hin und sucht entweder die Karte mit einer 2 in der Spitze oder eine Karte mit einer Aufgabe, deren Leerstelle 3 ist.

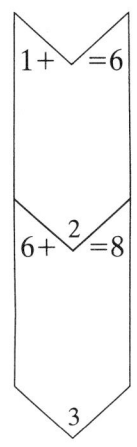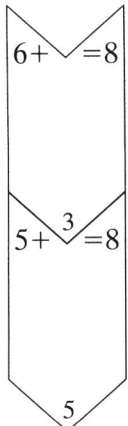

So fährt es fort, bis es keine Karten mehr anlegen kann. Kontrolle gibt hier die Lehrkraft oder der Partner.

Partnerspiel:

Die Partner teilen sich die Karten auf und legen sie jeder für sich aufgedeckt hin. Kind A legt eine Karte hin, Kind B sucht aus seinen Karten eine passende aus und legt sie an. Abwechselnd werden die beiden Kinder versuchen, ihre Karten abzulegen. Wer zuerst keine Karten mehr hat, ist Sieger.

Gruppenspiel:

Hier empfiehlt es sich, die Vorlage zweimal zu kopieren oder mit der Blankovorlage neue Aufgaben zu entwickeln, um mehr Karten zu erhalten. Die Karten werden an die Kinder verteilt. Ein Kind beginnt und legt eine Karte in die Mitte. Reihum wird nun angelegt. Wer keine passende Karte hat, muss aussetzen. Wer zuerst alle Karten abgelegt hat, ist Sieger.

4.19 Kassettenrekorder

Einen Kassettenrekorder können Kinder bereits in der ersten Klasse ganz selbstverständlich bedienen. Man kann ihn im Mathematikunterricht folgendermaßen verwenden:

Einsatz für mehrere Schüler:

Hier wird ein Verstärker für den Anschluss von drei oder vier Kopfhörern gebraucht. Nachdem die Kopfhörer angeschlossen sind, hören die Schüler gleichzeitig die vom Lehrer vorbereitete Kassette. Der Lehrer bespricht eine Leerkassette mit Aufgaben aus dem Mathematikunterricht, z. B. die Reihenfolge der Zahlen von 10 bis 20. Der Lehrer spricht: Ich nenne dir immer 3 Zahlen. Die vierte Zahl fehlt. Wenn du sie ergänzt, ist die Reihenfolge richtig. Du gibst die Antwort im Flüsterton.

Beispiel:

Lehrer auf Kassette: 13 14 – 16
Der Schüler flüstert 15.

Ob der oder die Schüler richtig geantwortet haben, hören sie nach einer kleinen Pause, wenn der Lehrer die Lösung nennt. Daraufhin folgt die nächste Aufgabe.

Einsatz für nur einen Schüler:

Auch hier bespricht der Lehrer die Leerkassette mit Aufgaben. Der arbeitende Schüler hört sich jeweils eine Aufgabe an, drückt die Pausetaste und schreibt die Antwort auf. Mit Hilfe des bereitgestellten Kontrollblatts kann das Kind nach der Bewältigung der Aufgabe sofort kontrollieren oder aber erst nach der Lösung aller Aufgaben die Kontrolle erfolgen lassen.

4.20 Krokodilspiel

Für das Krokodilspiel (S. 122) benötigt jeder Schüler 10 Spielmarken. Es wird mit zwei Würfeln reihum gewürfelt, wobei die Augenzahlen addiert werden. Der erste Spieler setzt eine Spielmarke auf das entsprechende Feld des Krokodils. Nun ist der zweite Spieler an der Reihe seinen Spielstein der gewürfelten Augenzahl entsprechend zu setzen. Ist das Feld belegt, darf er die dort liegende Marke nehmen und seine eigene behalten. Wenn die Augenzahlen der beiden Würfel zusammen neun ergeben, frisst das Krokodil die Marke auf. Sieger ist, wer als letzter Spieler noch Marken übrig hat.

4.21 Legespiel

Die Bildvorlage (S. 165) wird kopiert, angemalt und in Streifen geschnitten. Die Arbeitskarte mit den Rechenaufgaben wird nicht zerschnitten. Die Lösungen werden dem Bild entsprechend auf die Rückseiten der Streifen geschrieben, die Einzelteile dann foliert.

Arbeitsweise:

Die Kinder rechnen die Aufgaben der Arbeitskarte von oben nach unten. Der Reihenfolge der Lösungen entsprechend suchen sie die Streifen und legen sie mit der Bildseite nach oben auf ihre Arbeitsfläche. Haben sie richtig gerechnet, entsteht das Bild eines Seelöwen.

4.22 Zahlenkarten von 0–9

Das Spielen mit den Zahlenkarten von 0 bis 9 (S. 166) eignet sich besonders gut, im Zahlenraum bis 100 Zahlvorstellungen sowie Zahl- und Mengenvorstellungen zu sichern. Kleben Sie die Zahlen zweimal auf Karton auf und folieren Sie sie!

Nun können Sie mit den Kindern oder aber die Kinder allein mit entsprechendem Arbeitsauftrag folgende Spiele spielen. Alle Spiele können in Partner- oder Gruppenarbeit durchgeführt werden.

1. Legen von Zahlen

Ein Kind nimmt zwei Karten, legt sie nebeneinander. Das andere Kind nennt die Zahl. Ist sie richtig, darf dieses Kind nun die nächste Zahl legen.

2. Bestimmen von Vorgänger und Nachfolger

Das Spiel beginnt wie bei Spiel 1 beschrieben. Nun muss das zweite Kind aber nicht nur die Zahl nennen, sondern Vorgänger und Nachfolger dazu.

3. Zerlegen in Zehner und Einer

Das Spiel beginnt wie bei Spiel 1 beschrieben. Das zweite Kind nennt die Zahl und bestimmt zugleich Zehner und Einer.

Beispiel:
24 = 2 Zehner   4 Einer

4. Welche Zahl ist größer?

Partner A legt zwei Zahlen. Partner B bestimmt, welche die größere und welche die kleinere Zahl ist. Mit den Zeichen > < = können die Kinder eine vollständige Aufgabe legen.

5. Ergänzen auf den nächsten Zehner

Ein Kind legt mit zwei Karten eine Zahl. Das andere Kind nennt sie und gibt an, wie viel bis zum nächsten Zehner fehlt.

Beispiel:
56 + 4 = 60

6. Vermindern zum vorherigen Zehner

Analog zu Spiel 5 wird eine Zahl gelegt. Das zweite Kind nennt sie und vermindert zum vorherigen Zehner.

Beispiel:
64 − 4 = 60

7. Der Höhere sticht

Für dieses Spiel werden Spielmarken als Gewinnmarken benötigt. Beide Kinder nehmen von den verdeckt liegenden Karten jeweils zwei heraus. Sie nennen die Zahl. Das Kind, das die höhere Zahl hatte, bekommt eine Spielmarke. Die Karten werden gemischt und das Spiel beginnt von vorn. Wer zuerst 10 Spielmarken hat, hat gewonnen.

Variante:
Nur der höhere Zehner oder der höhere Einer sticht.

8. Suchen der Zahl im Hunderterfeld

Für dieses Spiel wird das Hunderterfeld (S. 168) oder ein Zahlenstrahl mit den Zahlen von 1 bis 100 gebraucht. Ein Kind legt eine Zahl, das andere Kind nennt sie und zeigt sie im Hunderterfeld oder auf dem Zahlenstrahl.

9. Beschreibe die Zahl genau!

Ein Kind zeigt auf eine Karte im Hunderterfeld. Das zweite Kind legt sie mit den Zahlkarten nach und erzählt alles, was es zu dieser Zahl weiß.

Beispiel: 56
– Die Zahl heißt 56.
– Sie hat 5 Zehner und 6 Einer.
– Ihr Vorgänger heißt 55, ihr Nachfolger 57.
– Bis zum nächsten Zehner fehlen ihr 4 Einer.
– Nimmt man ihr die 6 Einer, hat man genau 50.

10. Welche Zahl meine ich?

Ein Kind nennt Vorgänger und Nachfolger einer Zahl. Das zweite Kind legt mit den Zahlenkarten die gesuchte Zahl.

11. Lege die richtige Zahl!

Zu diesem Spiel braucht man einen Kassettenrekorder. Sprechen Sie Zahlenfolgen auf das Band, bei denen eine Zahl fehlt. Diese fehlende Zahl legt das Kind mit dem Zahlenkasten.

Beispiel:

47	48	—	50	51
56	—	58	59	60
23	24	25	—	27
—	94	95	96	97

Materialien und Spiele

1. Der Zahlenraum bis 5

1.1 Schreibweise der Ziffern

Ausmalbilder: Suche die richtig geschriebenen Ziffern!

Verbinde!

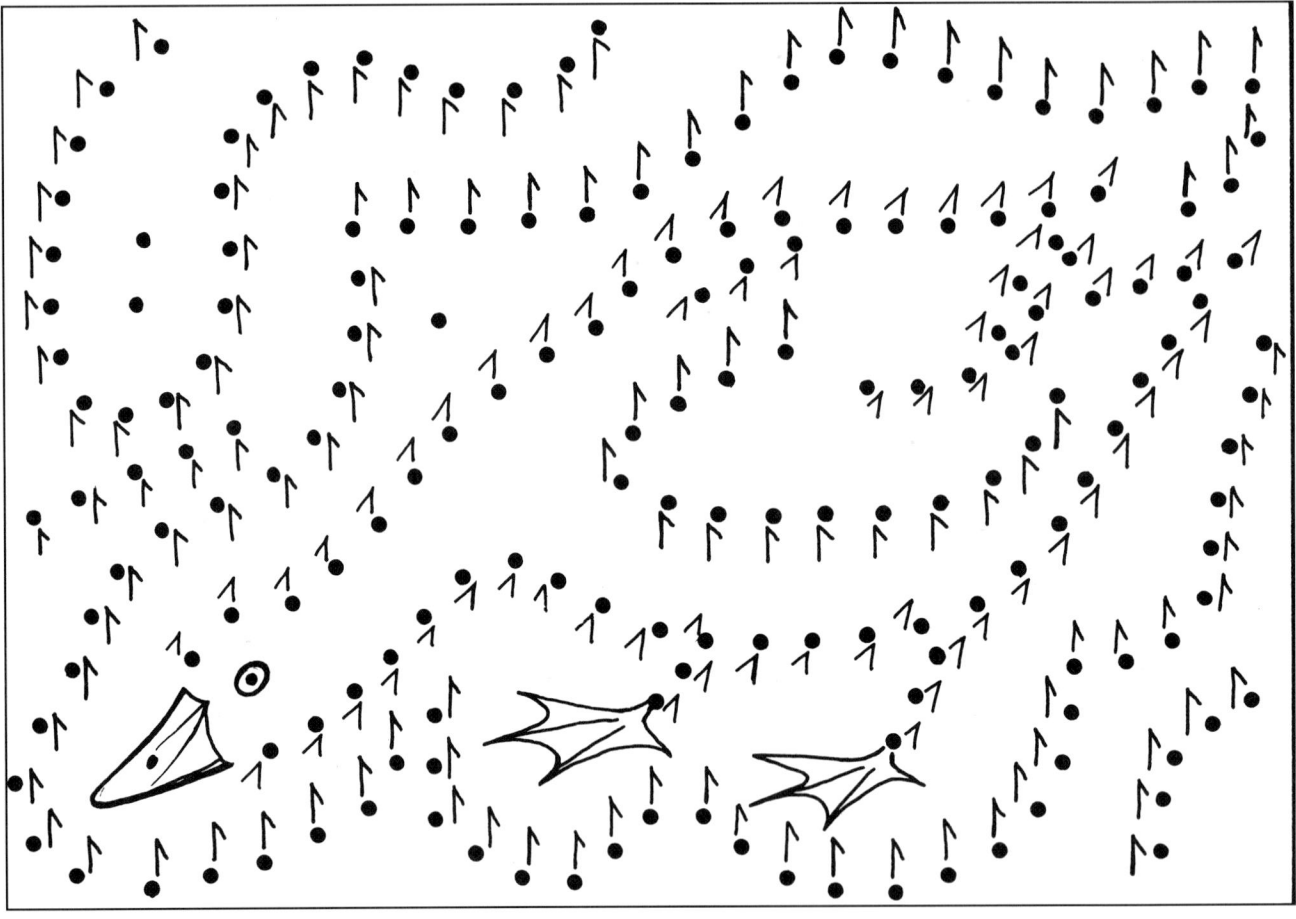

Male aus!

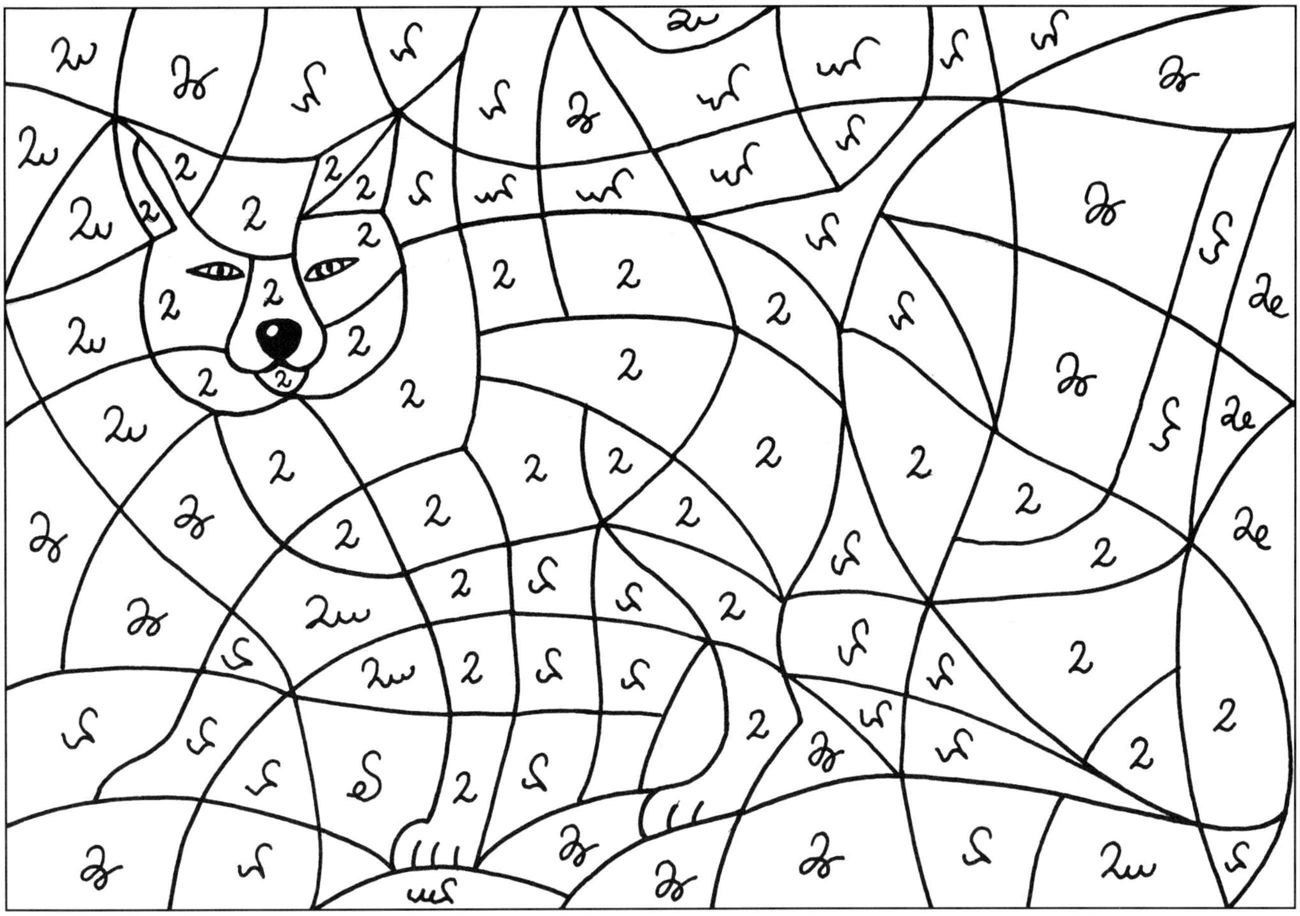

Verbinde!

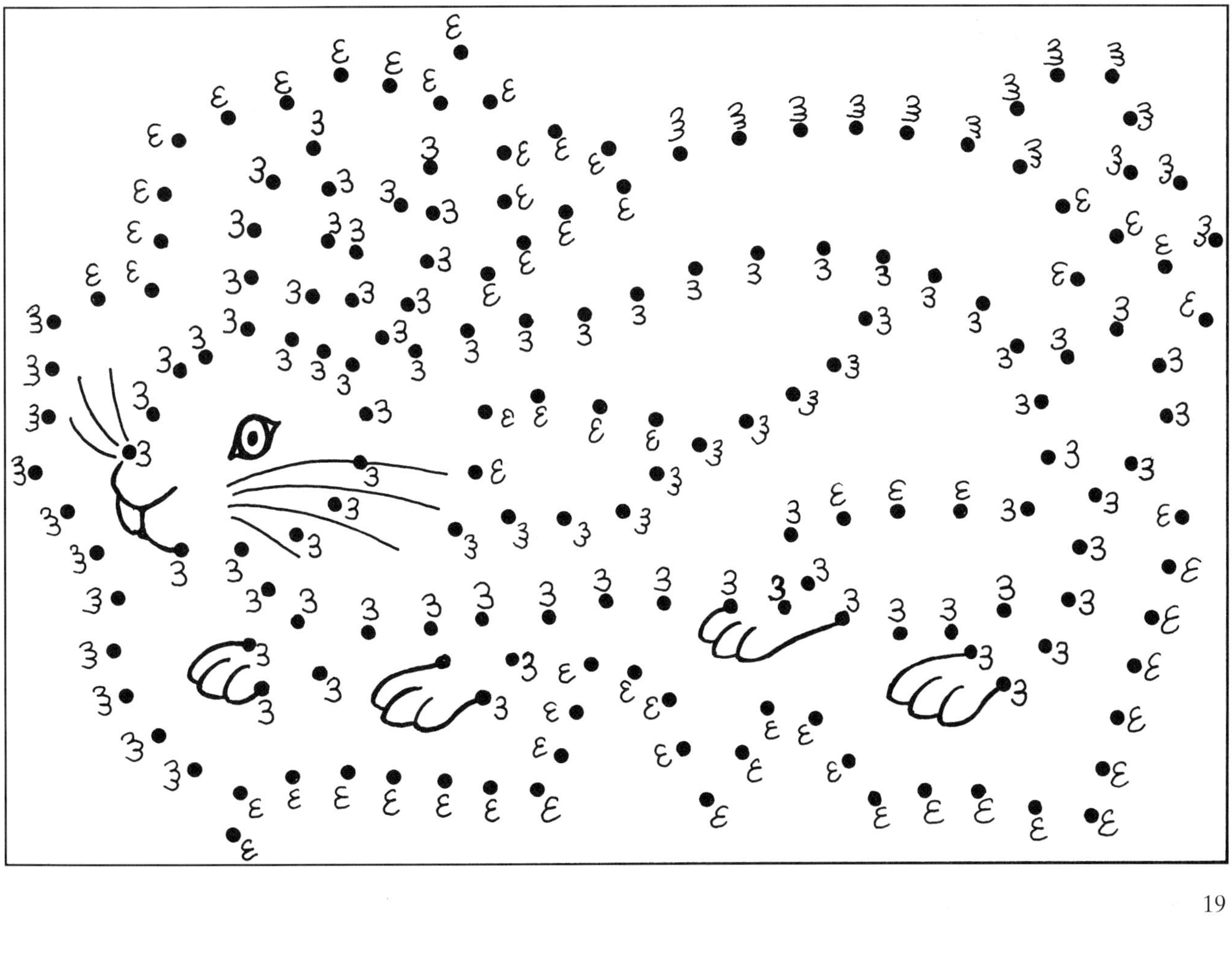

19

Male aus!

Verbinde!

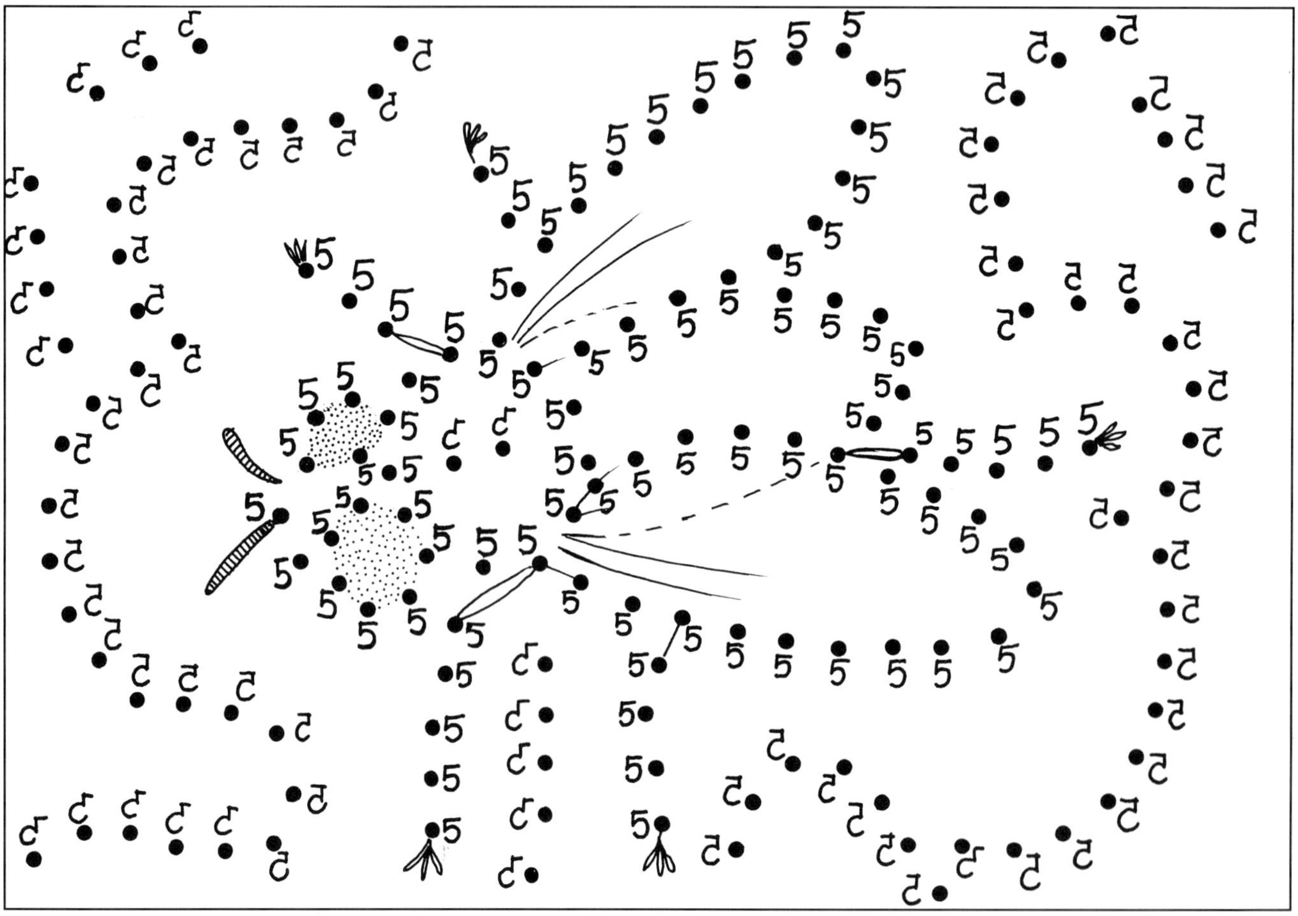

Stöpselkarten: Schreibweise der Ziffern

Stöpsle die richtig geschriebenen Ziffern!

1	5	3	4	5	1	2
1	2	3	4	2	1	2
1	5	3	4	5	1	2
1	5	3	4	2	1	2
1	2	3	4	2	1	2

Stöpsle die richtig geschriebenen Ziffern!

3	1	5	7	3	1	2
3	1	5	4	3	1	2
3	7	5	4	3	1	2
3	1	5	4	3	1	2
3	1	2	4	3	1	2

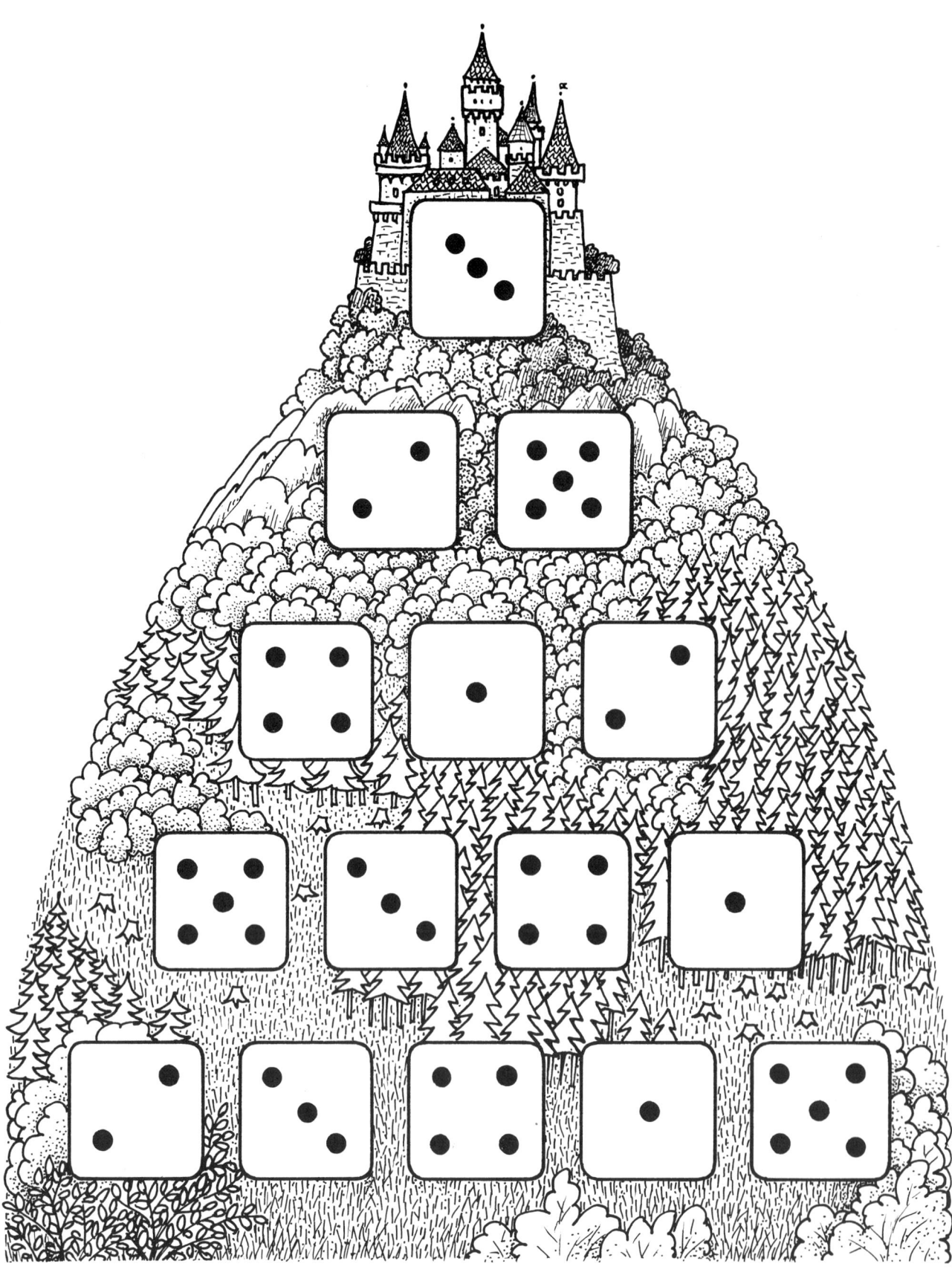

1.2 Verstehen der Zahl als Anzahl (Mengen-Zahl-Zuordnung)

Stöpselkarten: Welche Zahl gehört zum Bild?

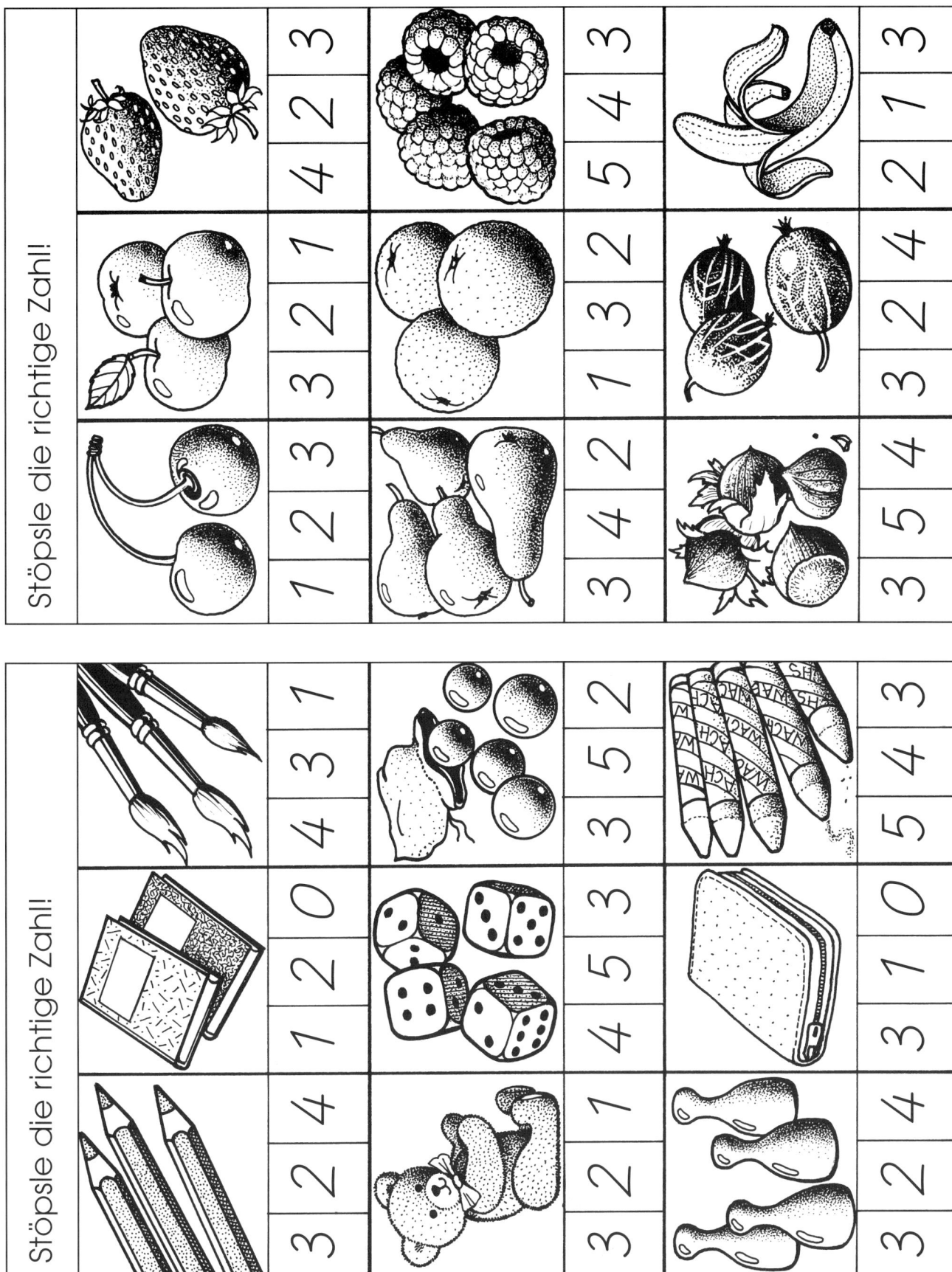

Stöpsle die richtige Zahl!

Stöpsle die richtige Zahl!

24

Lernschieber: Wie viele Dinge sind auf jedem Bild?

⚅(3)		2	
⚁(2)		1	
⚃(4)		4	
⚀(1)		5	
⚂(3)		3	
⚄(5)		4	
⚂(3)		3	

Stöpselkarten: Welche Zahl ist richtig?

5							
4							
3							
2							
1							
Was ist richtig?							

5							
4							
3							
2							
1							
Was ist richtig?							

ZIEL

START

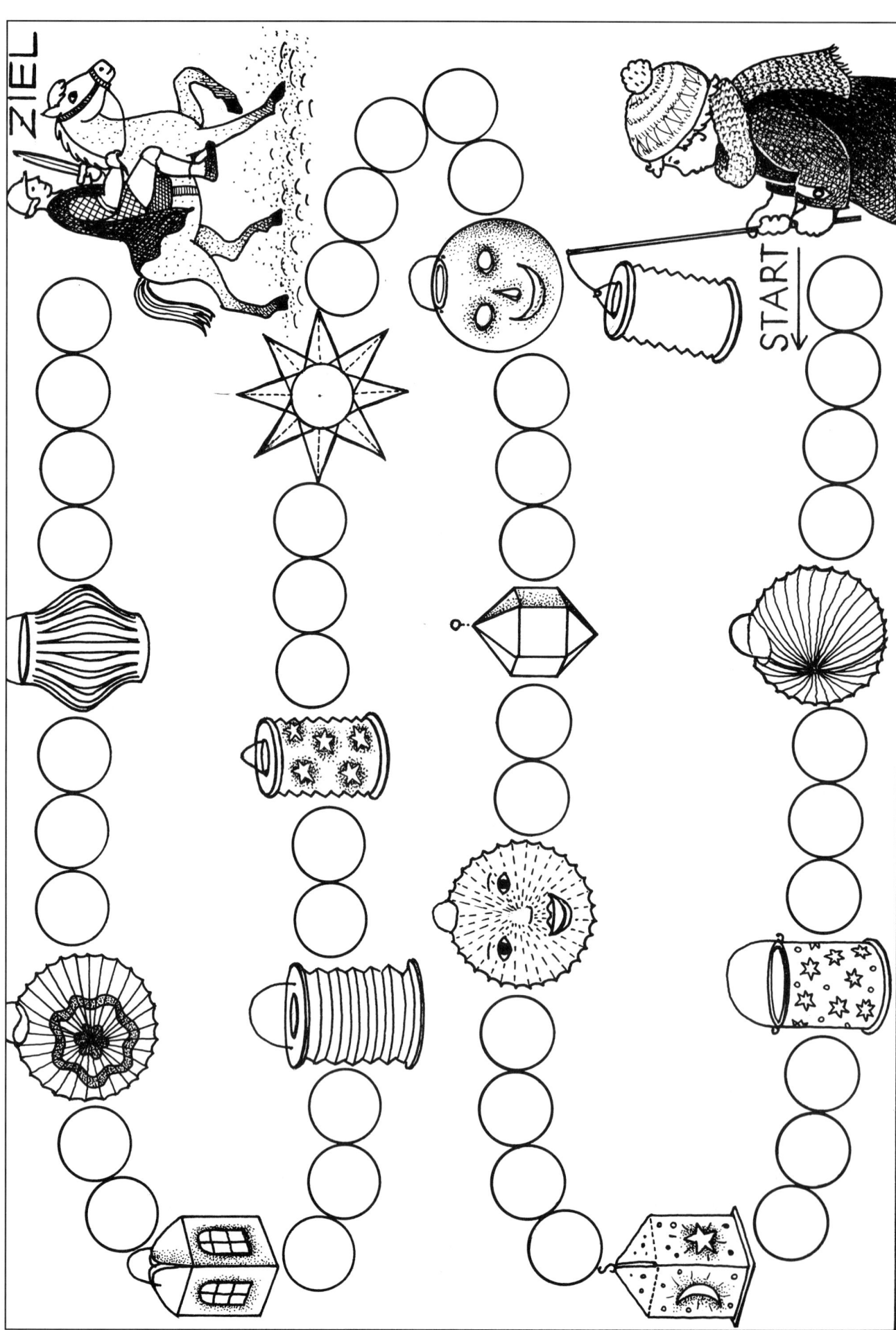

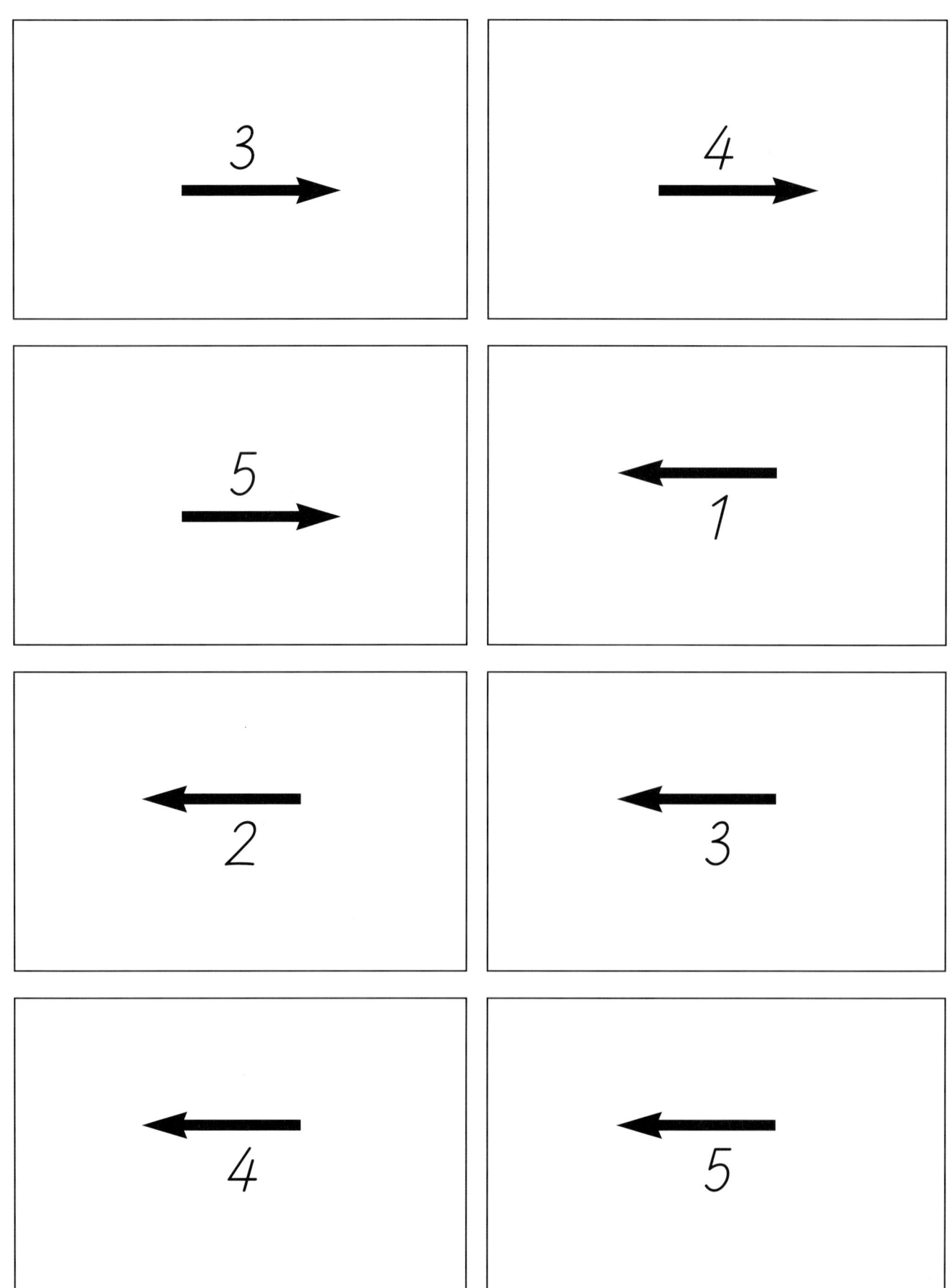

1.3 Zahlen als ordnende Reihe

Auftragsscheibe: Kennst du den Vorgänger?

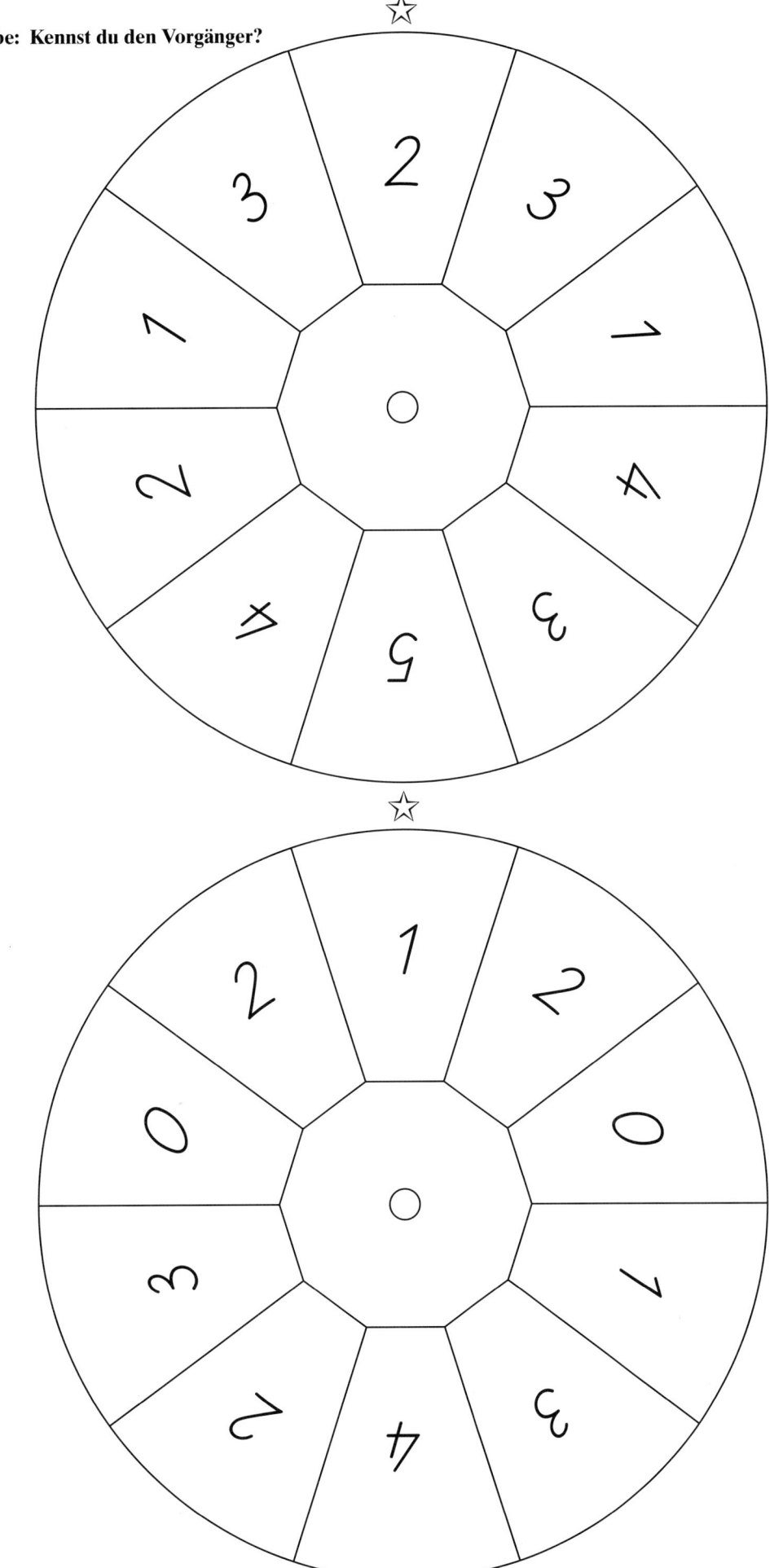

Auftragsscheibe: Kennst du den Nachfolger?

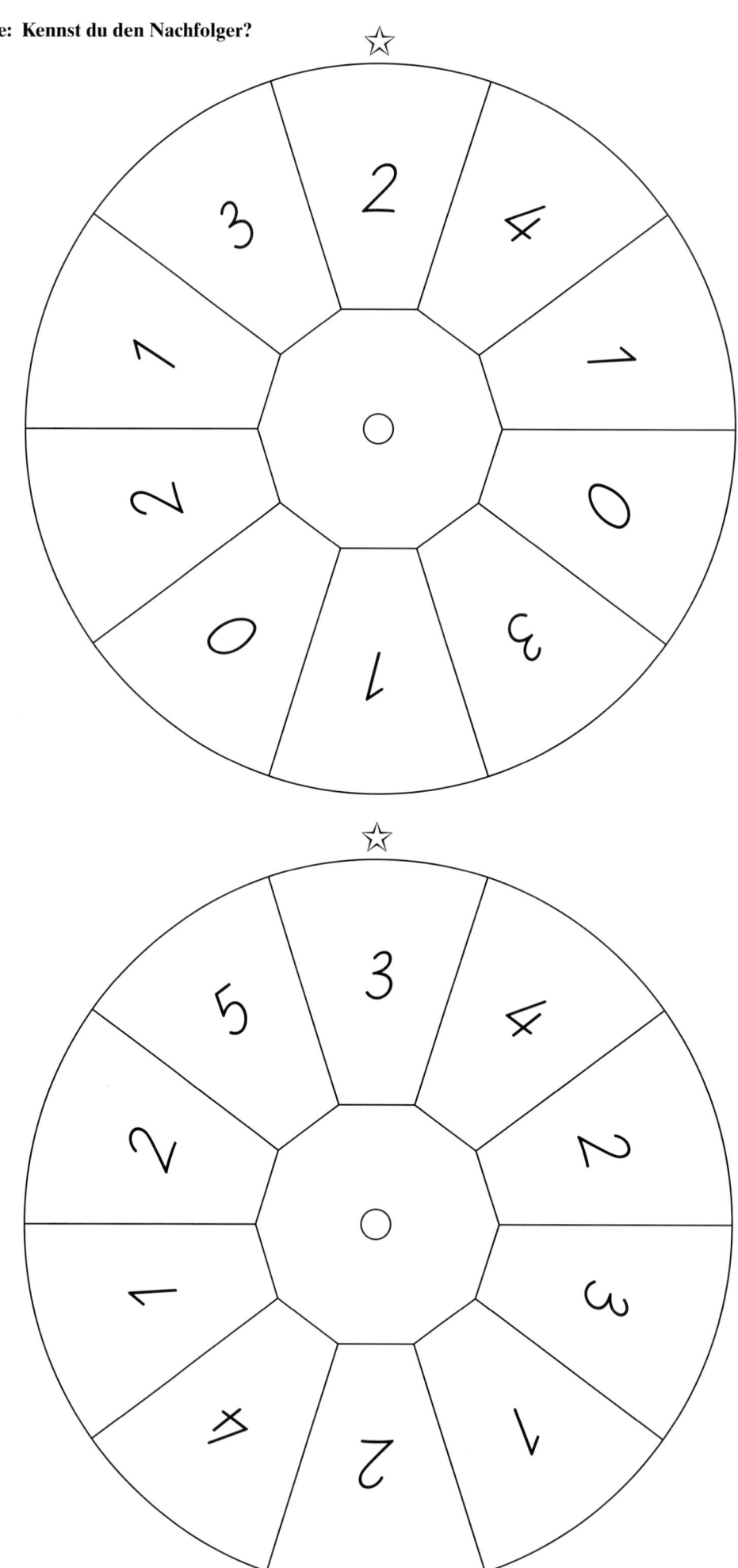

Stöpselkarten: Nachbarzahlen

Stöpsle die fehlenden Zahlen!

Karte	Zahlen	Lösungszeile
1	5 3 4	2 ○ 4
2	2 4 3	○ 4 5
3	2 1 4	○ ○ 3
4	3 1 2	1 ○ ○
5	5 3 2	○ ○ 4
6	5 3 4	3 ○ ○
7	3 4 2	○ ○ 4
8	3 2 4	3 ○ 5

Stöpsle die Nachbarzahlen!

Karte	Zahl	Zahlen
1	3	2 1 4 3
2	4	2 3 5 4
3	2	2 4 1 3
4	0	1 2 4 3
5	1	2 3 0 4
6	3	3 2 1 4
7	4	3 5 2 4
8	2	4 1 2 3

1.4 Rechnen im Zahlenraum bis 5

Klammerkarten: Relationen > < =
Klammere dort, wo das richtige Zeichen steht!

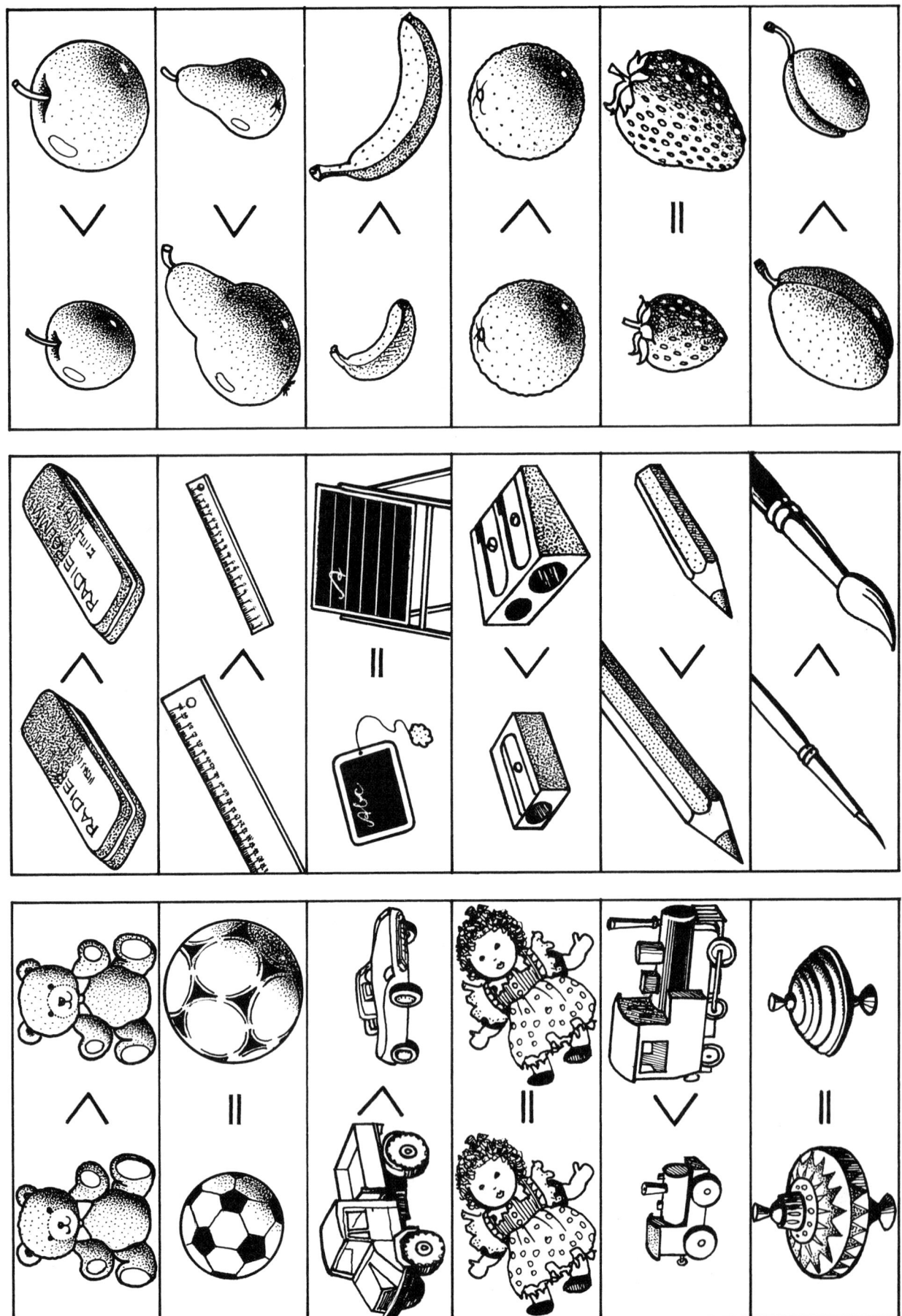

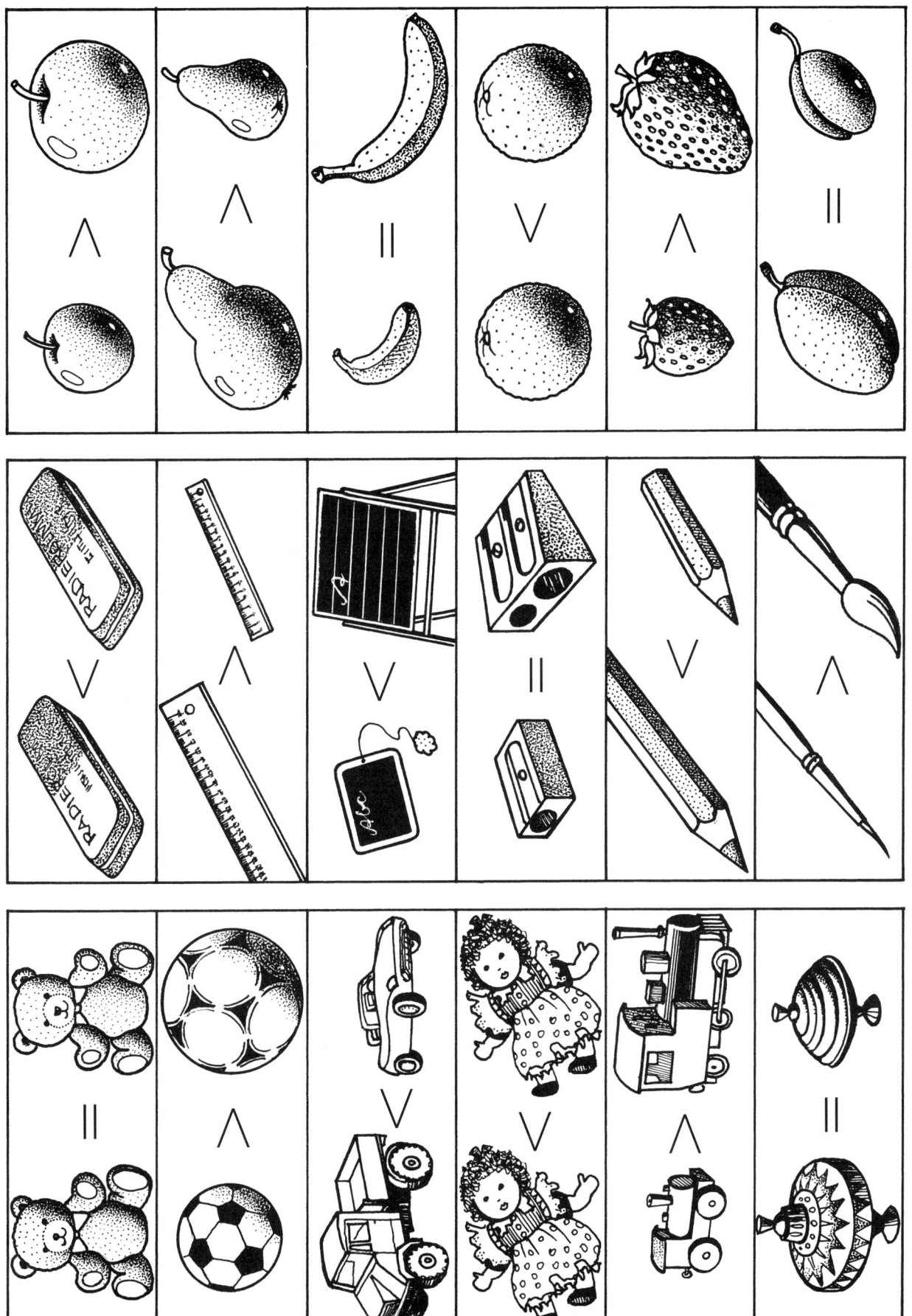

Stöpsle in der richtigen Farbe: > gelb, < rot, = grün!

2 O 4	1 O 2	4 O 1
3 O 5	1 O 4	2 O 2
2 O 2	5 O 1	5 O 2
1 O 3	2 O 1	1 O 0
4 O 5	2 O 3	5 O 4
5 O 5	3 O 3	3 O 3
1 O 1	4 O 3	2 O 3
3 O 5	2 O 5	4 O 5

Stöpsle die kleinste Zahl grün, die größte rot!

1	2	2	1	0	3	1	3
4	5	3	5	1	2	2	1
3	3	4	4	5	1	4	2
2	0	1	2	3	4	3	0

Stöpsle die kleinste Zahl grün, die größte rot!

37

Klammere die richtigen Zahlen!

5	1	
2	4	1 < ○
0	3	
2	0	
1	3	2 > ○
5	4	
2	3	
5	0	3 < ○
4	1	
2	1	
3	0	○ < 4
5	4	

Klammere die richtigen Zahlen!

4	2	
1	3	3 > ○
5	0	
1	5	
4	0	○ < 5
3	2	
1	0	
4	2	4 > ○
5	3	
5	2	
3	0	2 < ○
1	4	

Knicken

Knicken

Klebefalz

	3 ◯ 4
<	5 ◯ 1
>	4 ◯ 4
=	3 ◯ 2
>	2 ◯ 4
<	1 ◯ 1
=	1 ◯ 2
<	

	5 ◯ 4		1 ◯ 0
>	2 ◯ 2	>	0 ◯ 5
=	1 ◯ 3	<	4 ◯ 4
<	2 ◯ 5	=	3 ◯ 2
<	3 ◯ 4	>	5 ◯ 1
<	4 ◯ 2	>	3 ◯ 3
>	3 ◯ 5	=	4 ◯ 1
<		>	

Domino: Zahlzerlegung

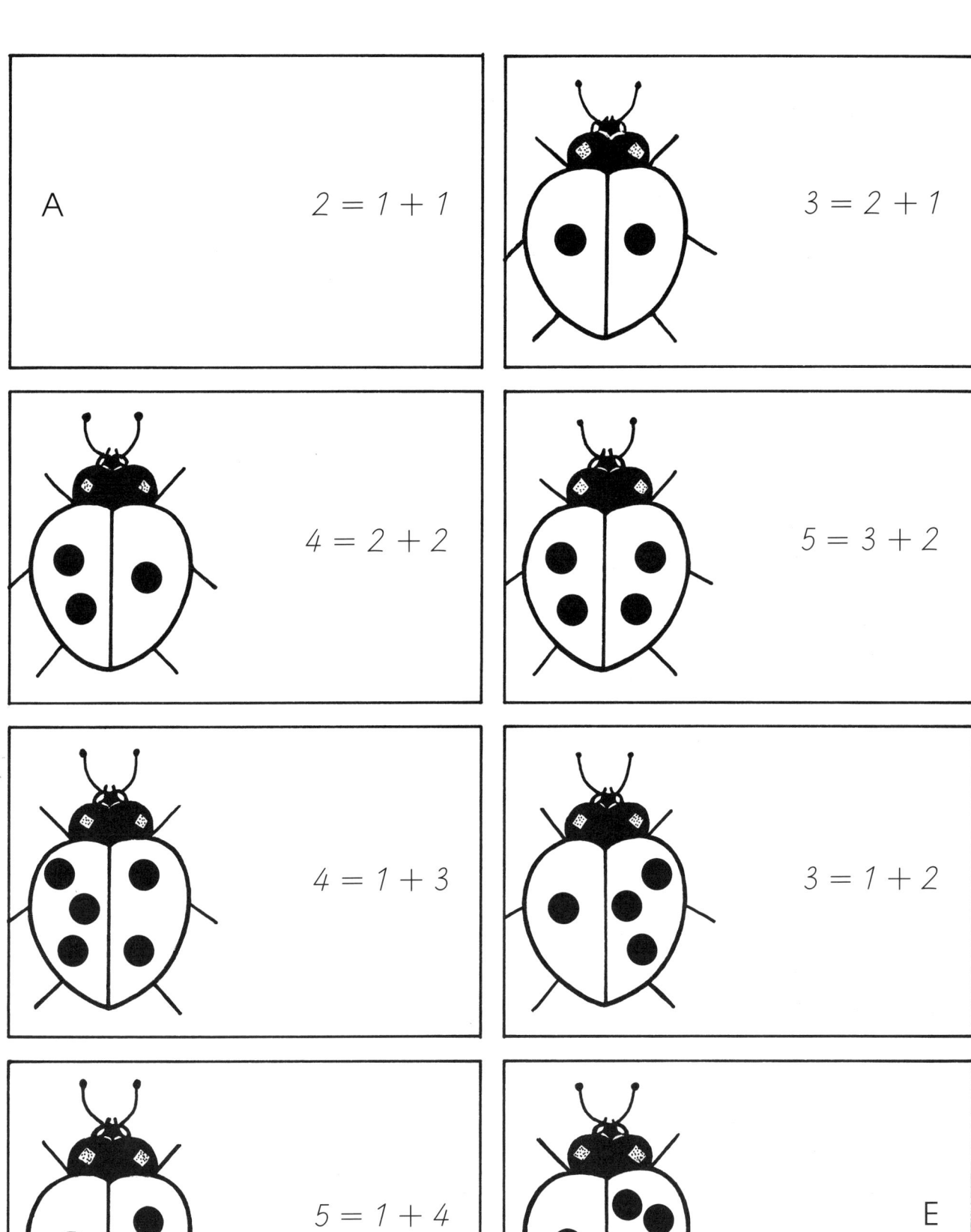

A   *2 = 1 + 1*

3 = 2 + 1

4 = 2 + 2

5 = 3 + 2

4 = 1 + 3

3 = 1 + 2

5 = 1 + 4

E

Domino: Addition

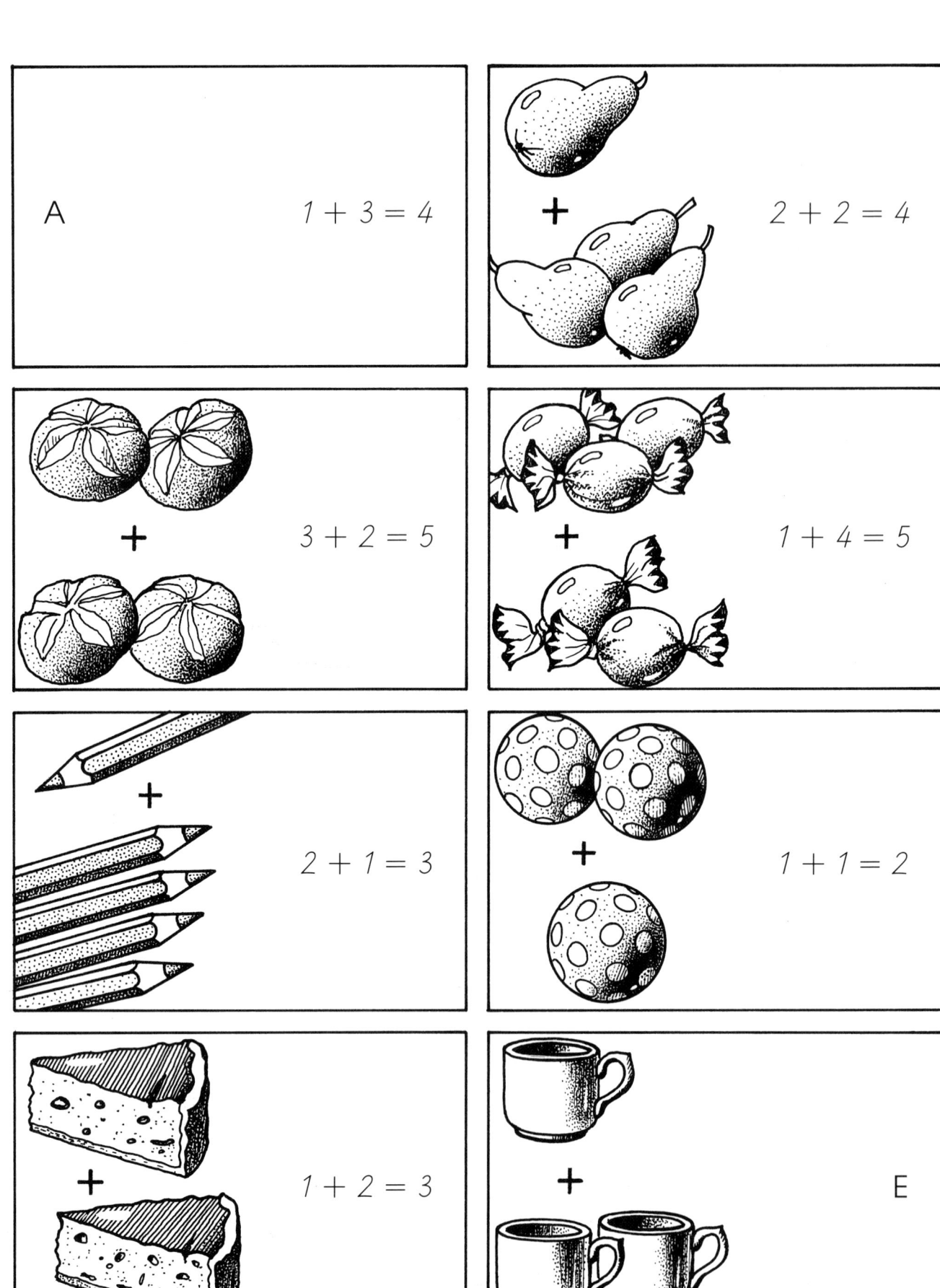

A   *1 + 3 = 4*

2 + 2 = 4

3 + 2 = 5

1 + 4 = 5

2 + 1 = 3

1 + 1 = 2

1 + 2 = 3

E

Stöpselkarte: Addition

Stöpsle die richtige Farbe!

2 ◗ gelb	3 ◗ grün	4 ◗ blau	5 ◗ rot
$3 + 2 =$	$1 + 2 =$	$3 + 0 =$	$1 + 4 =$
$1 + 3 =$	$2 + 0 =$	$1 + 3 =$	$3 + 1 =$
$4 + 1 =$	$3 + 2 =$	$1 + 1 =$	$2 + 3 =$
$0 + 2 =$	$4 + 1 =$	$2 + 1 =$	$4 + 1 =$
$1 + 2 =$	$2 + 3 =$	$3 + 0 =$	$1 + 3 =$
$5 + 0 =$	$4 + 0 =$	$4 + 0 =$	$1 + 1 =$
$1 + 1 =$	$1 + 4 =$	$2 + 3 =$	$3 + 1 =$
$3 + 1 =$	$5 + 0 =$	$2 + 2 =$	$3 + 2 =$

Stöpselkarte: Subtraktion

Stöpsle die richtige Farbe!

2 gelb	3 grün	4 blau	5 rot
5 – 1 =	3 – 1 =	5 – 3 =	5 – 2 =
3 – 0 =	5 – 2 =	3 – 1 =	4 – 0 =
3 – 1 =	2 – 0 =	4 – 0 =	3 – 0 =
4 – 2 =	4 – 1 =	4 – 2 =	4 – 2 =
5 – 1 =	3 – 1 =	3 – 0 =	5 – 3 =
5 – 2 =	4 – 2 =	5 – 3 =	3 – 1 =
5 – 0 =	5 – 1 =	5 – 0 =	4 – 2 =
3 – 1 =	4 – 2 =	2 – 0 =	5 – 1 =

Stöpselkarten: Addition und Subtraktion

Stöpsle das Ergebnis!	1	2	3	4	5
5 – 2					
3 – 1					
4 – 3					
5 – 1					
2 – 1					
4 – 2					
5 – 3					
3 – 2					

Stöpsle das Ergebnis!	1	2	3	4	5
2 + 3					
4 + 1					
2 + 2					
1 + 3					
3 + 2					
3 + 1					
1 + 4					
1 + 2					

$1 + 4$	$2 + 3$	$5 - 4$
$4 + 1$	$3 + 1$	$5 - 2$
$5 - 3$	$1 + 3$	$2 + 2$
$3 - 2$	$4 - 2$	$4 - 3$

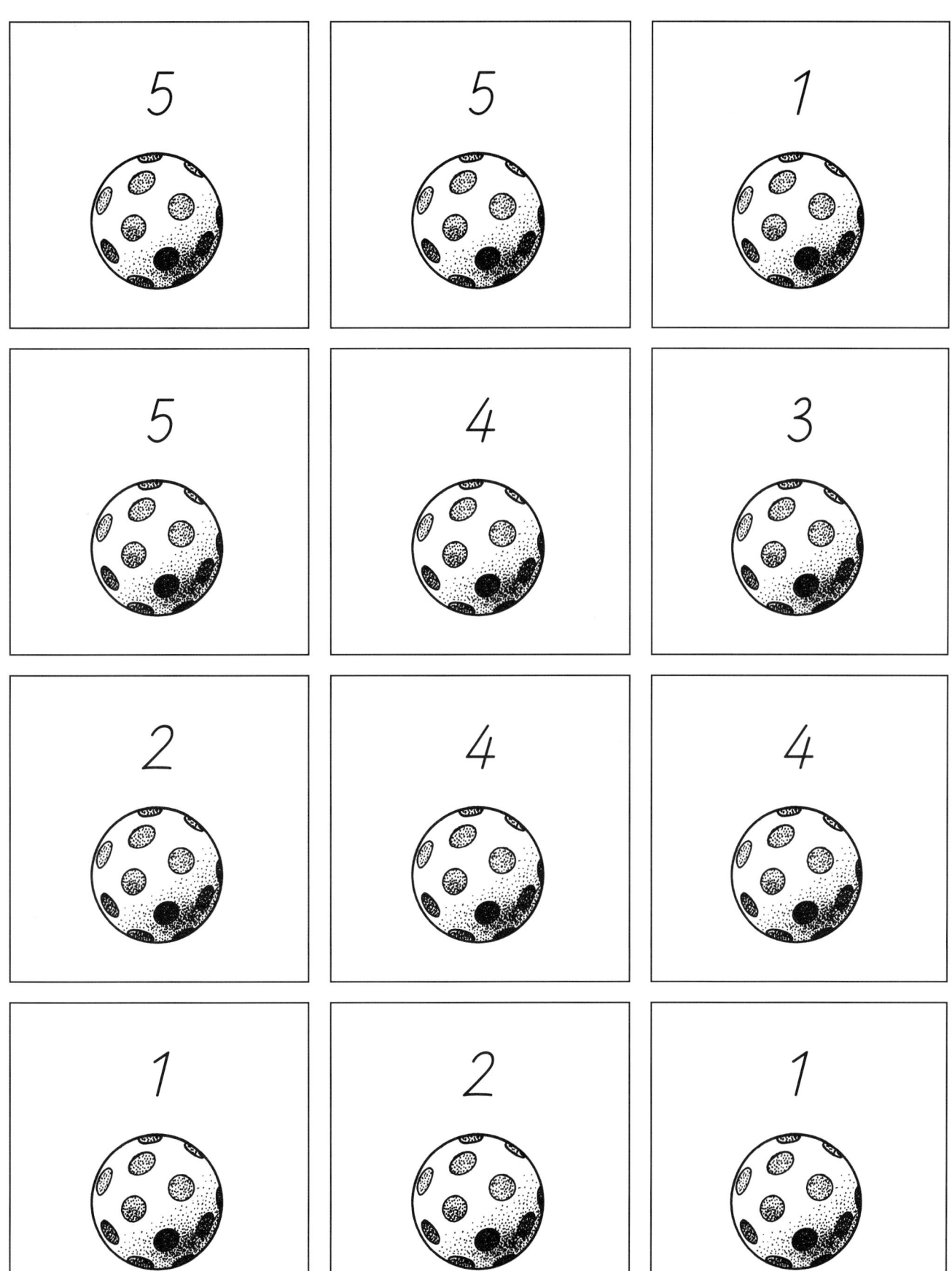

Elefantenspiel: Addition und Subtraktion

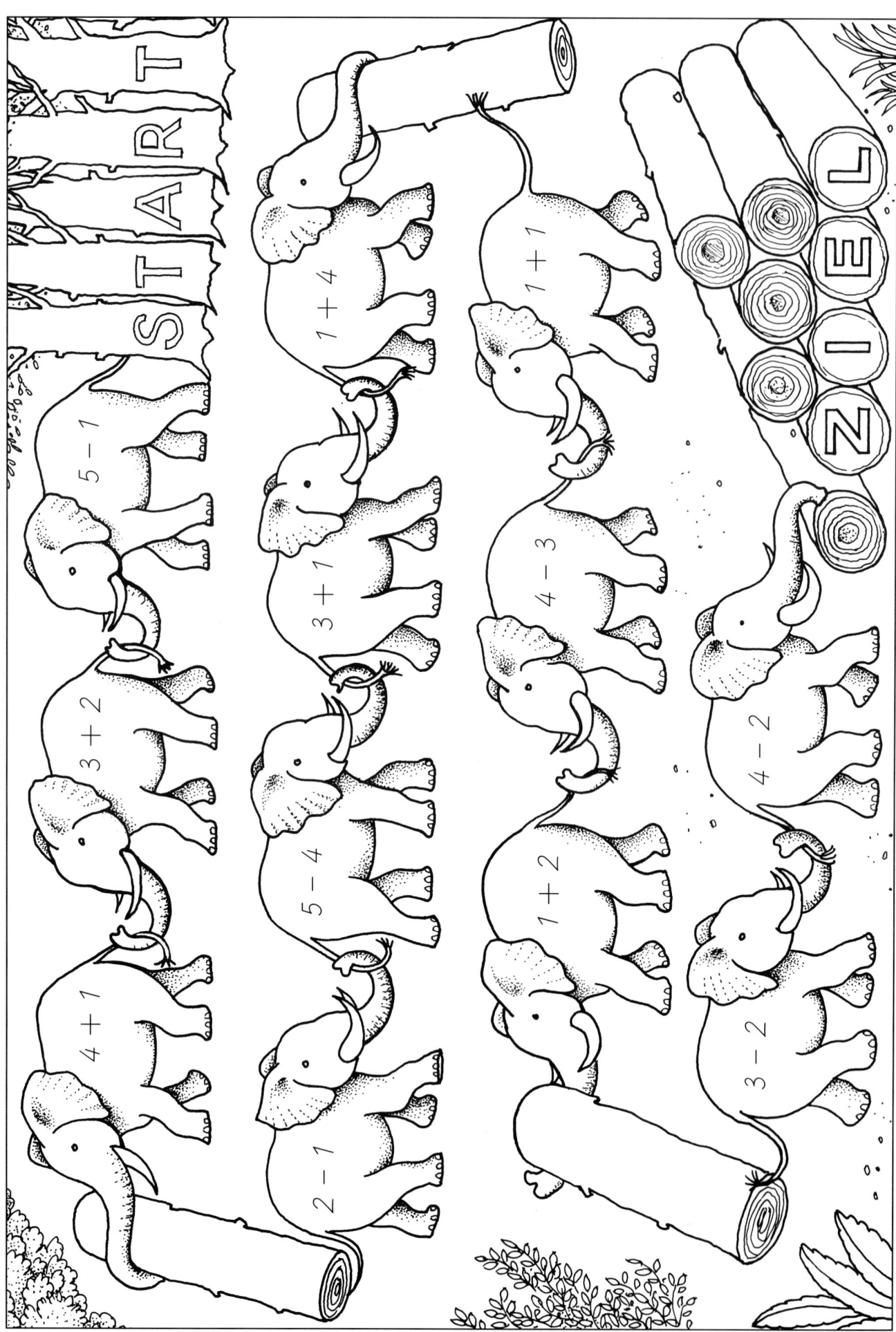

Stöpsle die richtigen Ergebnisse!

Aufgabe			
5 – 1 =	5	4	3
4 – 2 <	4	3	2
3 – 1 >	2	1	3
2 – 1 <	5	4	1
5 – 3 >	3	1	0
5 – 2 <	3	4	2
4 – 1 >	1	2	3
3 – 2 <	1	2	4

Stöpsle die richtigen Ergebnisse!

Aufgabe			
3 + 1 <	4	5	3
1 + 1 >	4	1	2
2 + 1 =	4	3	2
3 + 0 <	3	4	5
1 + 4 >	1	2	5
2 + 2 <	5	3	4
3 + 2 >	3	4	5
1 + 2 <	3	4	2

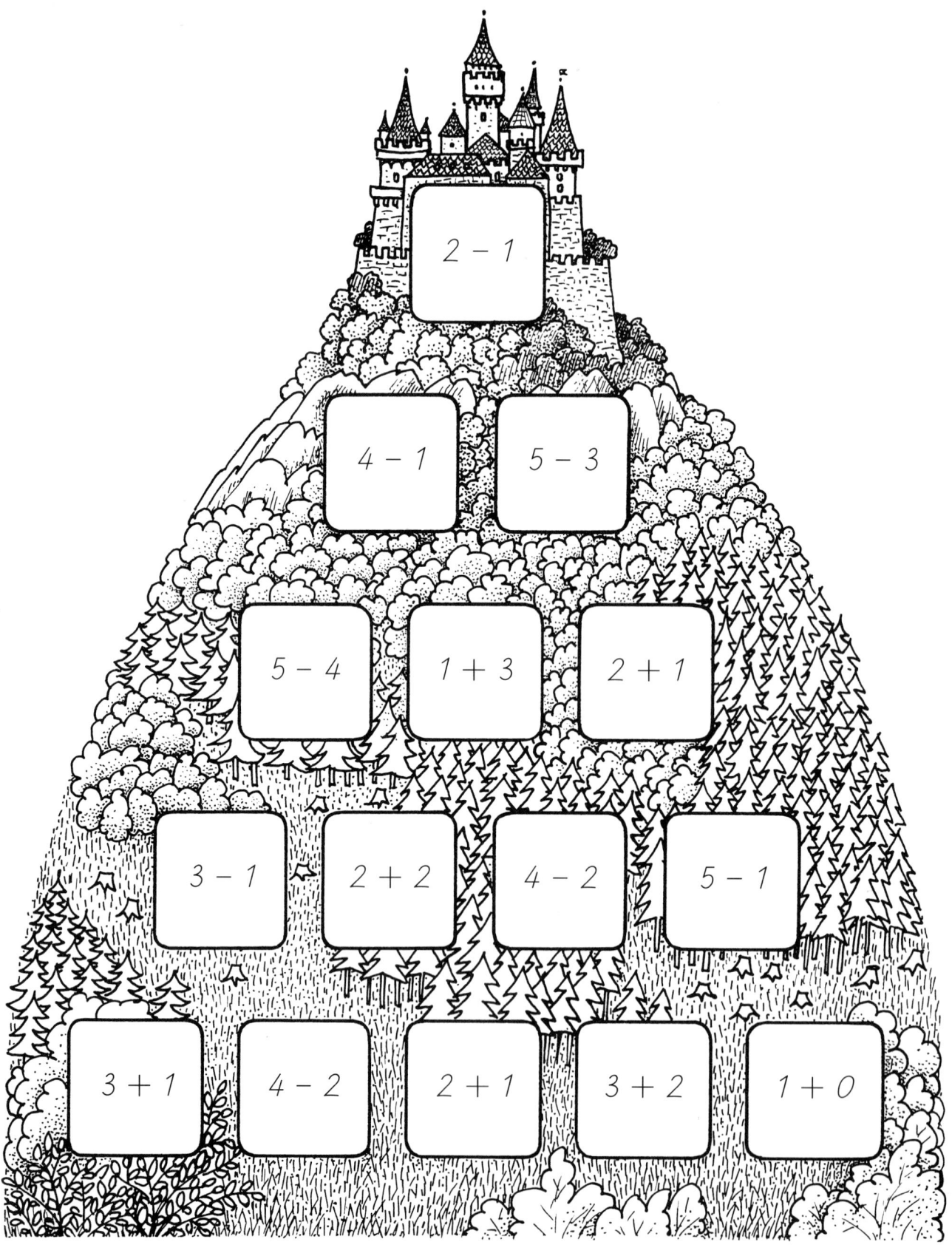

Auftragsscheiben: Addition, Subtraktion

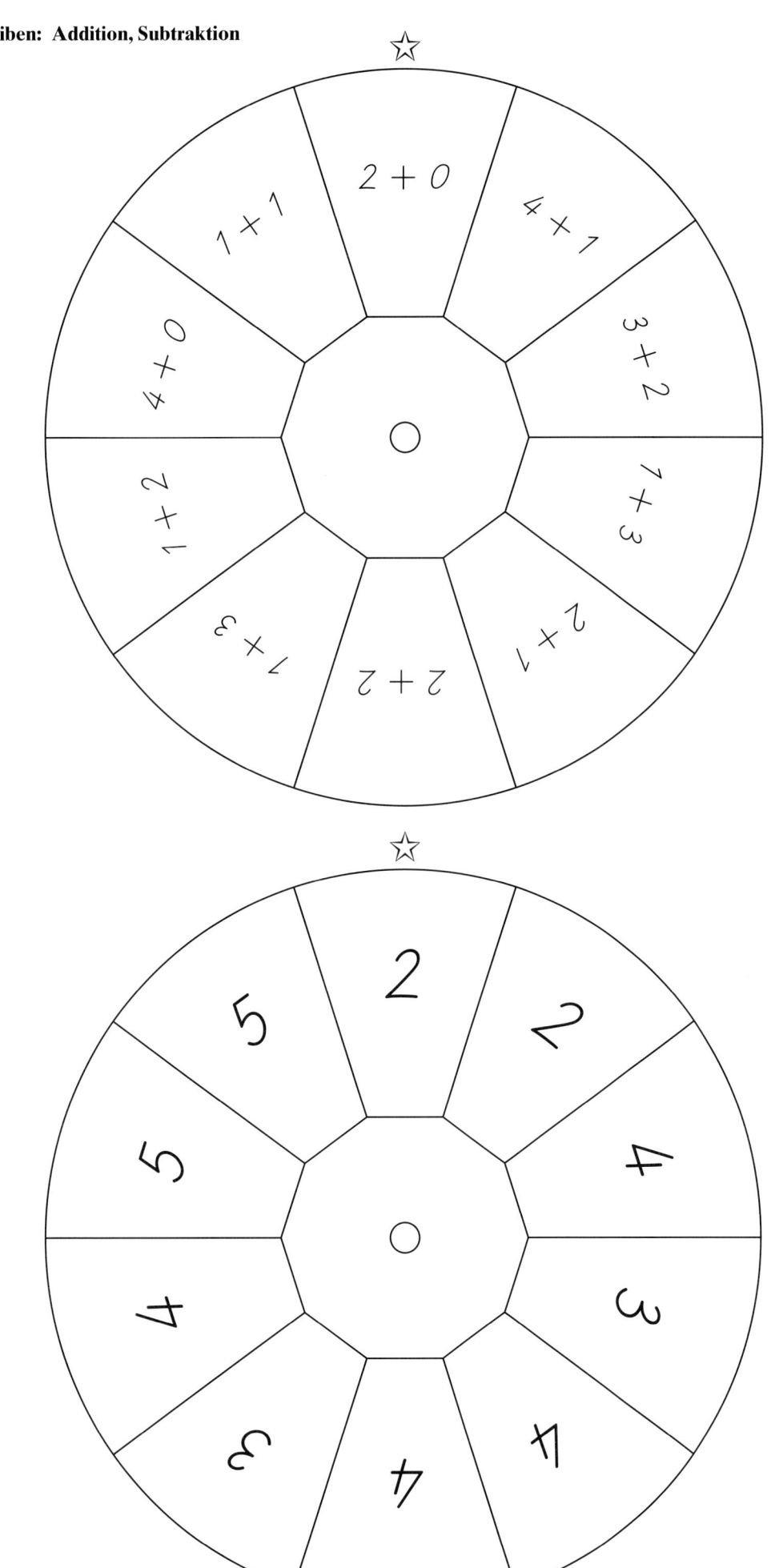

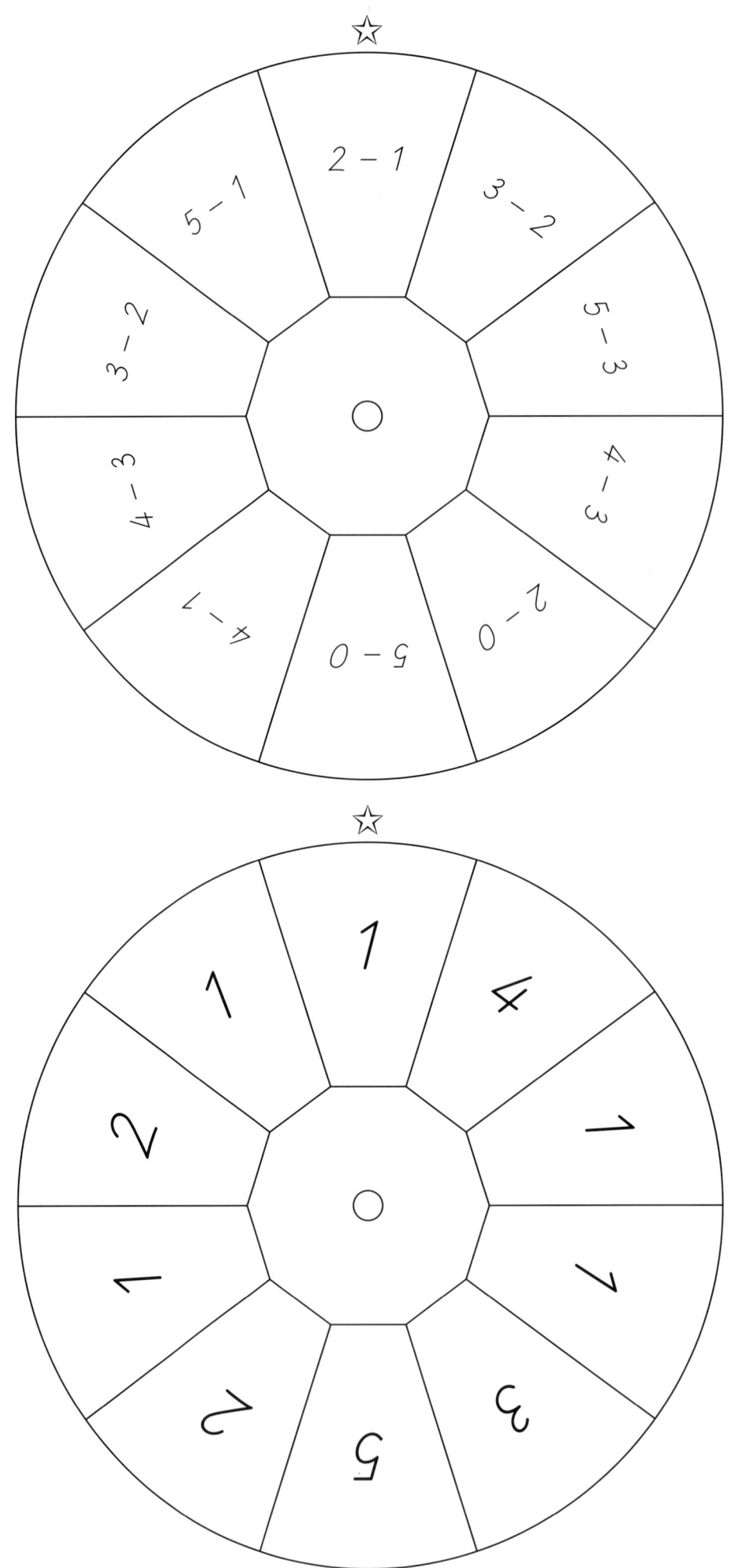

Memory: Addition und Subtraktion

$2 + 2 = 4$	$4 - 3 = 1$	$5 - 2 = 3$
$2 + 3 = 5$	$1 + 2 = 3$	$4 - 2 = 2$
$3 + 2 = 5$	$5 - 4 = 1$	$3 - 2 = 1$
$4 + 1 = 5$	$5 - 3 = 2$	$3 + 1 = 4$

Mäusespiel: Welche Maus wird gefangen?

1.5 Tauschaufgaben – Umkehraufgaben

Stöpselkarten: Tauschaufgaben

Stöpsle die Tauschaufgabe!

$2 + 2$	$1 + 1$	$1 + 2$	$4 - 1$	$4 - 0$	$3 - 1$	$0 + 3$	$2 + 3$
$3 + 2$	$1 - 0$	$2 - 1$	$4 + 1$	$0 + 3$	$1 + 2$	$0 + 2$	$3 + 1$
$3 - 2$	$0 + 1$	$2 + 2$	$1 - 1$	$0 + 4$	$1 + 3$	$2 + 1$	$3 - 1$
$2 + 3 =$	$1 + 0 =$	$2 + 1 =$	$1 + 4 =$	$4 + 0 =$	$3 + 1 =$	$2 + 0 =$	$1 + 3 =$

Stöpsle die Tauschaufgabe!

$3 - 1$	$4 + 1$	$1 + 3$	$5 - 0$	$1 + 4$	$1 + 2$	$2 + 3$	$3 - 2$
$1 + 3$	$3 + 2$	$4 + 1$	$0 + 5$	$5 - 1$	$2 - 1$	$3 - 1$	$2 + 3$
$2 + 3$	$3 - 2$	$4 - 1$	$2 + 3$	$4 - 1$	$2 + 3$	$3 + 1$	$1 + 3$
$3 + 1 =$	$2 + 3 =$	$1 + 4 =$	$5 + 0 =$	$4 + 1 =$	$2 + 1 =$	$1 + 3 =$	$3 + 2 =$

Stöpsle die Umkehraufgaben!

Aufgabe			
$1 + 4 = 5$	$5-1=4$	$5-2=3$	$5-4=1$
$2 + 3 = 5$	$5-2=3$	$5-3=2$	$5-1=4$
$0 + 4 = 4$	$4-0=4$	$4-4=0$	$4-1=3$
$1 + 0 = 1$	$1-1=0$	$2-0=2$	$1-0=1$
$3 + 2 = 5$	$5-2=3$	$5-3=2$	$5-5=0$
$1 + 3 = 4$	$4-1=3$	$4-3=1$	$4-2=2$
$0 + 3 = 3$	$3-0=3$	$3-3=0$	$3-1=2$
$2 + 1 = 3$	$3-1=2$	$3-2=1$	$3-3=0$

Stöpsle die Umkehraufgaben!

Aufgabe			
$3 + 1 = 4$	$4-3=1$	$4-1=3$	$4-2=2$
$2 + 3 = 5$	$5-2=3$	$5-1=4$	$5-3=2$
$1 + 4 = 5$	$5-4=1$	$5-1=4$	$5-2=3$
$2 + 1 = 3$	$3-2=1$	$3-1=2$	$3-3=0$
$2 + 2 = 4$	$4-1=3$	$4-3=1$	$4-2=2$
$3 + 2 = 5$	$5-2=3$	$5-3=2$	$5-1=4$
$4 + 1 = 5$	$5-4=1$	$5-1=4$	$5-2=3$
$1 + 3 = 4$	$4-1=3$	$4-4=0$	$4-3=1$

1.6 Platzhalteraufgaben

Kletterspiel: Ergänzen auf die Anzahl der Kokosnüsse

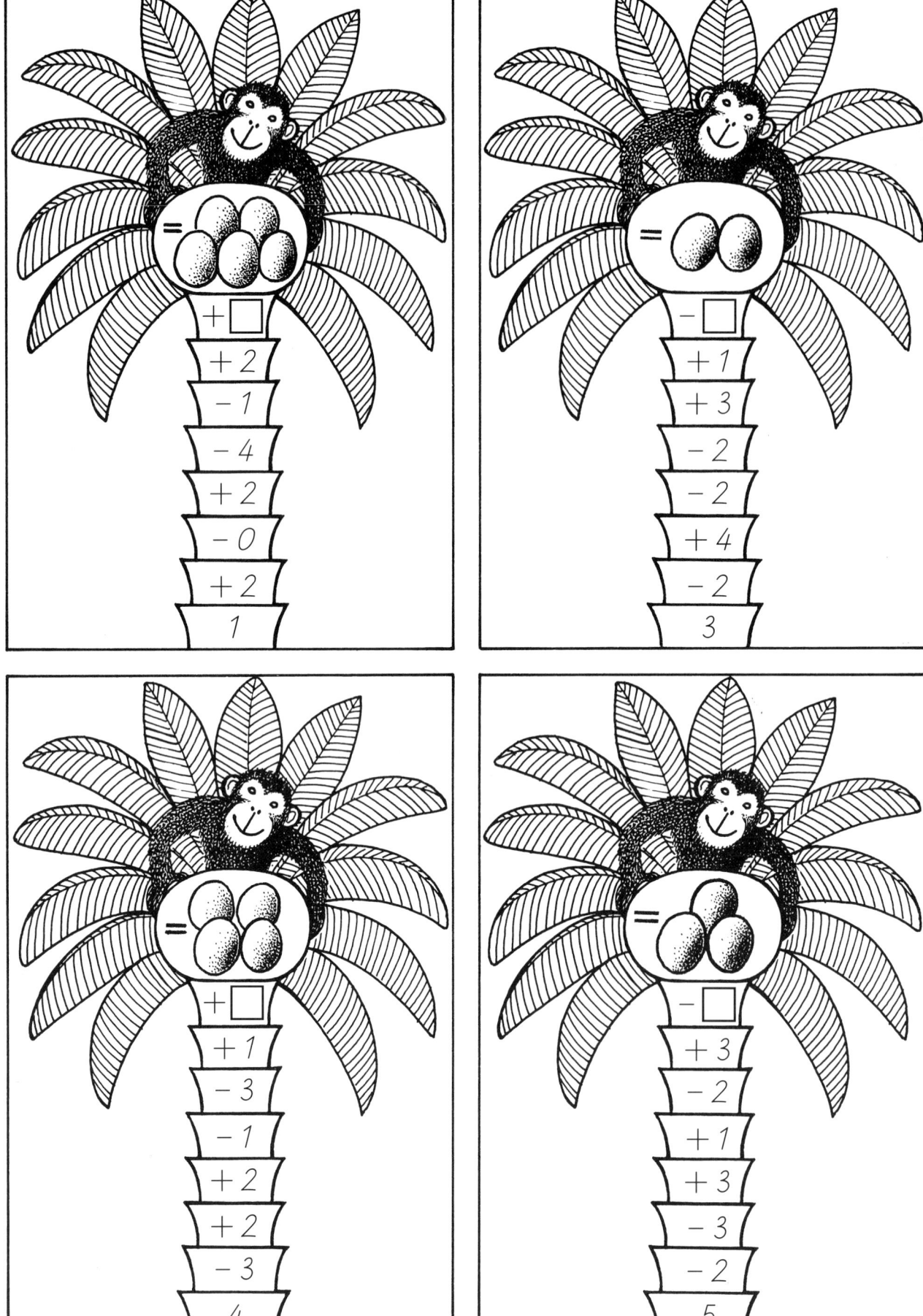

Bild 1 (oben links)

$= \square$

$+ \square$

$+ 2$

$- 1$

$- 4$

$+ 2$

$- 0$

$+ 2$

1

Bild 2 (oben rechts)

$= \square$

$- \square$

$+ 1$

$+ 3$

$- 2$

$- 2$

$+ 4$

$- 2$

3

Bild 3 (unten links)

$= \square$

$+ \square$

$+ 1$

$- 3$

$- 1$

$+ 2$

$+ 2$

$- 3$

4

Bild 4 (unten rechts)

$= \square$

$- \square$

$+ 3$

$- 2$

$+ 1$

$+ 3$

$- 3$

$- 2$

5

Stöpsle die richtige Zahl!

Aufgabe			
$\Box - 2 = 1$	2	3	4
$\Box - 3 = 2$	4	3	5
$\Box - 1 = 4$	2	5	4
$\Box - 2 = 3$	3	5	4
$\Box - 1 = 3$	4	3	2
$\Box - 2 = 2$	5	4	3
$\Box - 1 = 2$	3	2	1
$\Box - 3 = 1$	4	0	3

Stöpsle die richtige Zahl!

Aufgabe			
$\Box + 3 = 5$	1	2	3
$\Box + 2 = 4$	2	1	3
$\Box + 2 = 5$	4	3	2
$\Box + 1 = 3$	3	1	2
$\Box + 0 = 4$	1	2	4
$\Box + 3 = 4$	1	2	3
$\Box + 1 = 4$	2	3	1
$\Box + 2 = 3$	1	0	2

Stöpsle die richtige Zahl!

Aufgabe			
$5 - 3 = \square$	1	2	0
$2 - \square = 1$	1	3	4
$3 - \square = 0$	2	3	1
$\square - 2 = 2$	0	4	5
$\square - 1 = 3$	3	4	2
$5 - \square = 2$	3	4	5
$4 - \square = 1$	1	2	3
$\square - 1 = 2$	0	2	3

Stöpsle die richtige Zahl!

Aufgabe			
$2 + \square = 3$	0	1	2
$4 + 1 = \square$	5	2	3
$1 + \square = 3$	1	2	3
$2 + \square = 5$	3	1	2
$\square + 3 = 4$	1	0	3
$5 + \square = 5$	1	0	2
$\square + 1 = 4$	4	2	3
$2 + \square = 4$	1	3	2

2. Der Zahlenraum bis 9

2.1 Schreibweise der Ziffern 6 bis 9

Ausmalbilder: Suche die richtig geschriebenen Ziffern!

Male aus!

Verbinde!

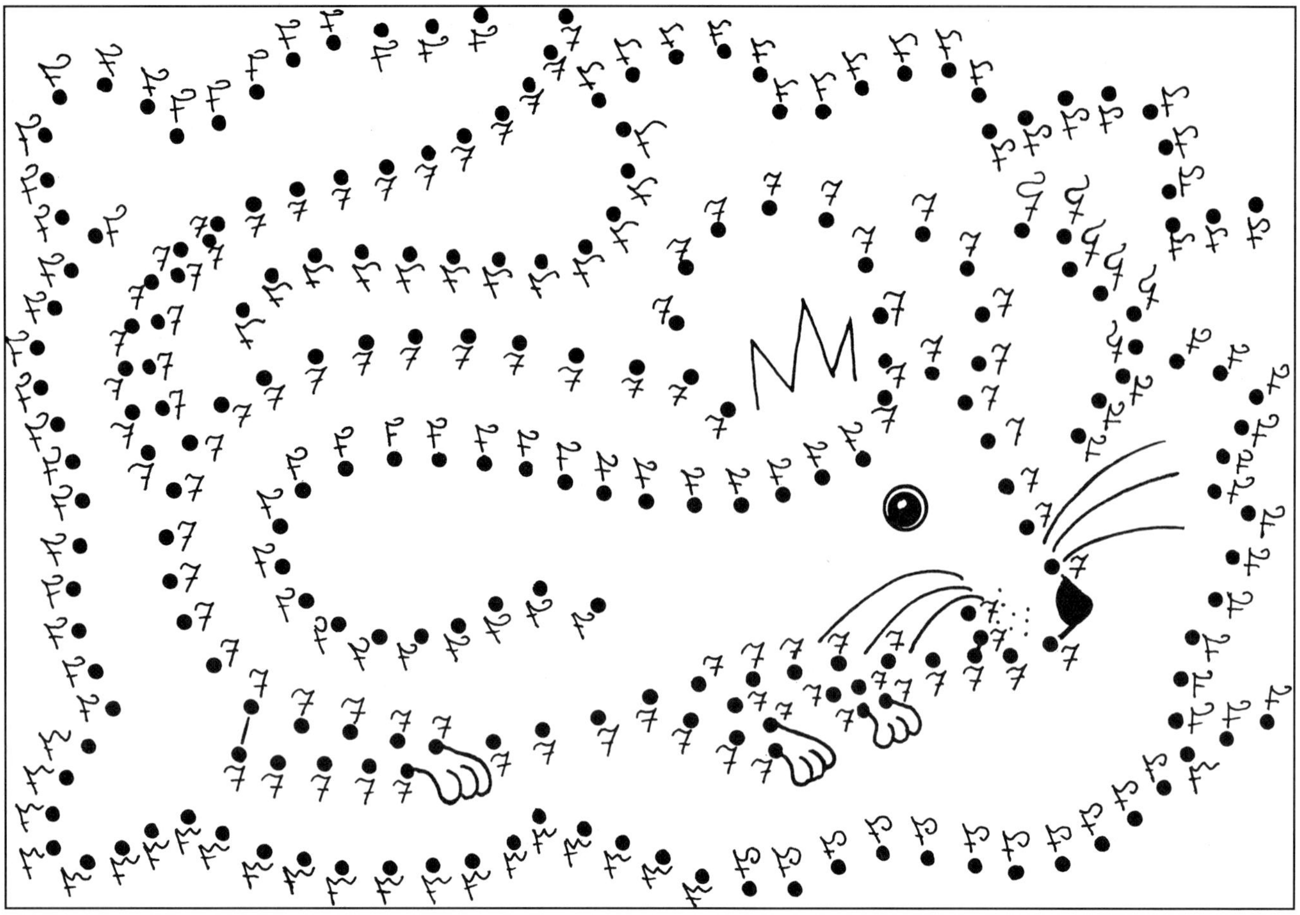

Male aus!

Verbinde alle richtig geschriebenen 9!

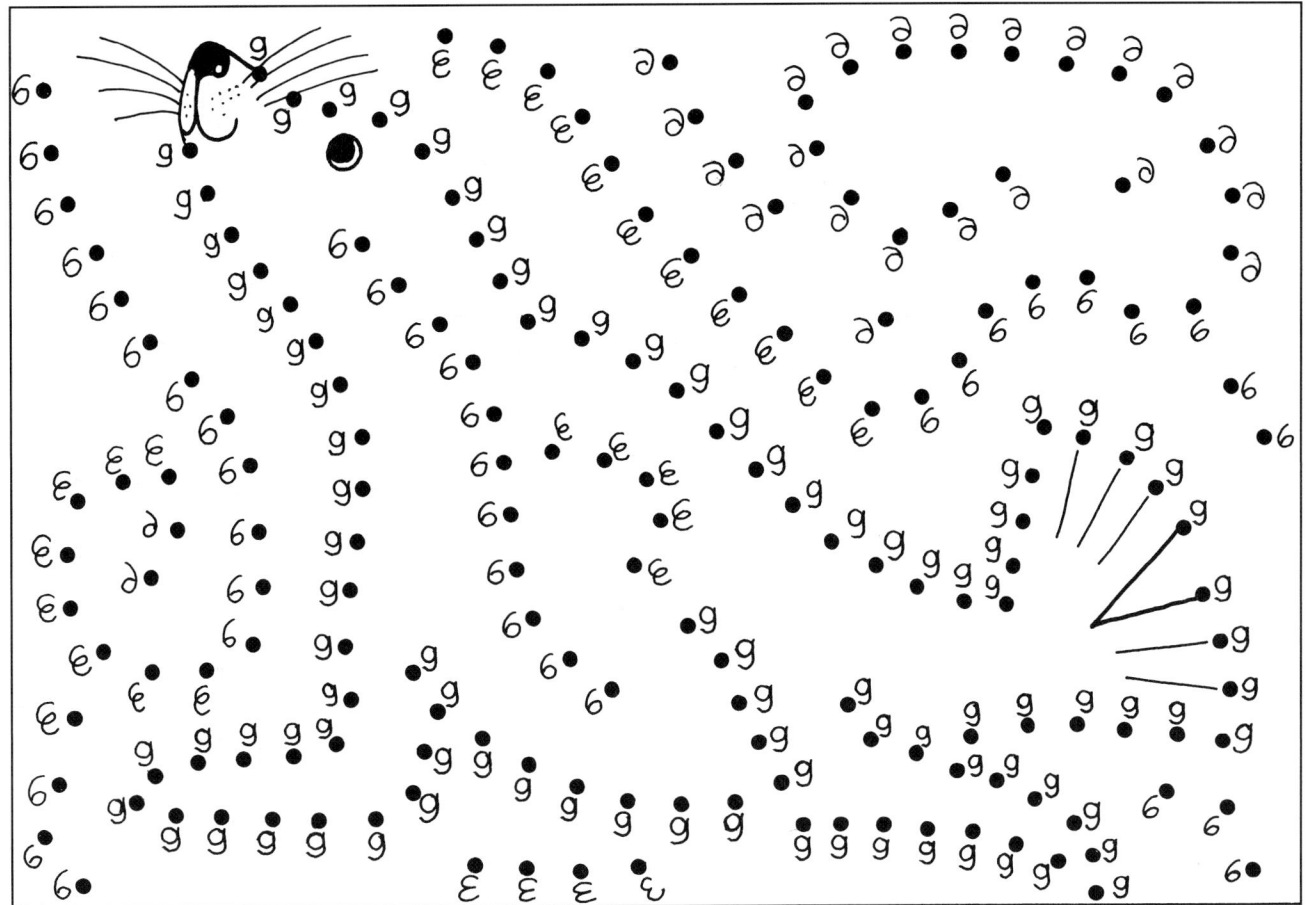

Stöpselkarten: Schreibweise der Ziffern

Stöpsle die richtig geschriebenen Zahlen!

Stöpsle die richtig geschriebenen Zahlen!

2.2 Verstehen der Zahl als Anzahl (Mengen-Zahl-Zuordnung)

Domino: Welches Bild gehört zu welcher Zahl?

Domino: Welche Zahl gehört zu welchem Bild?

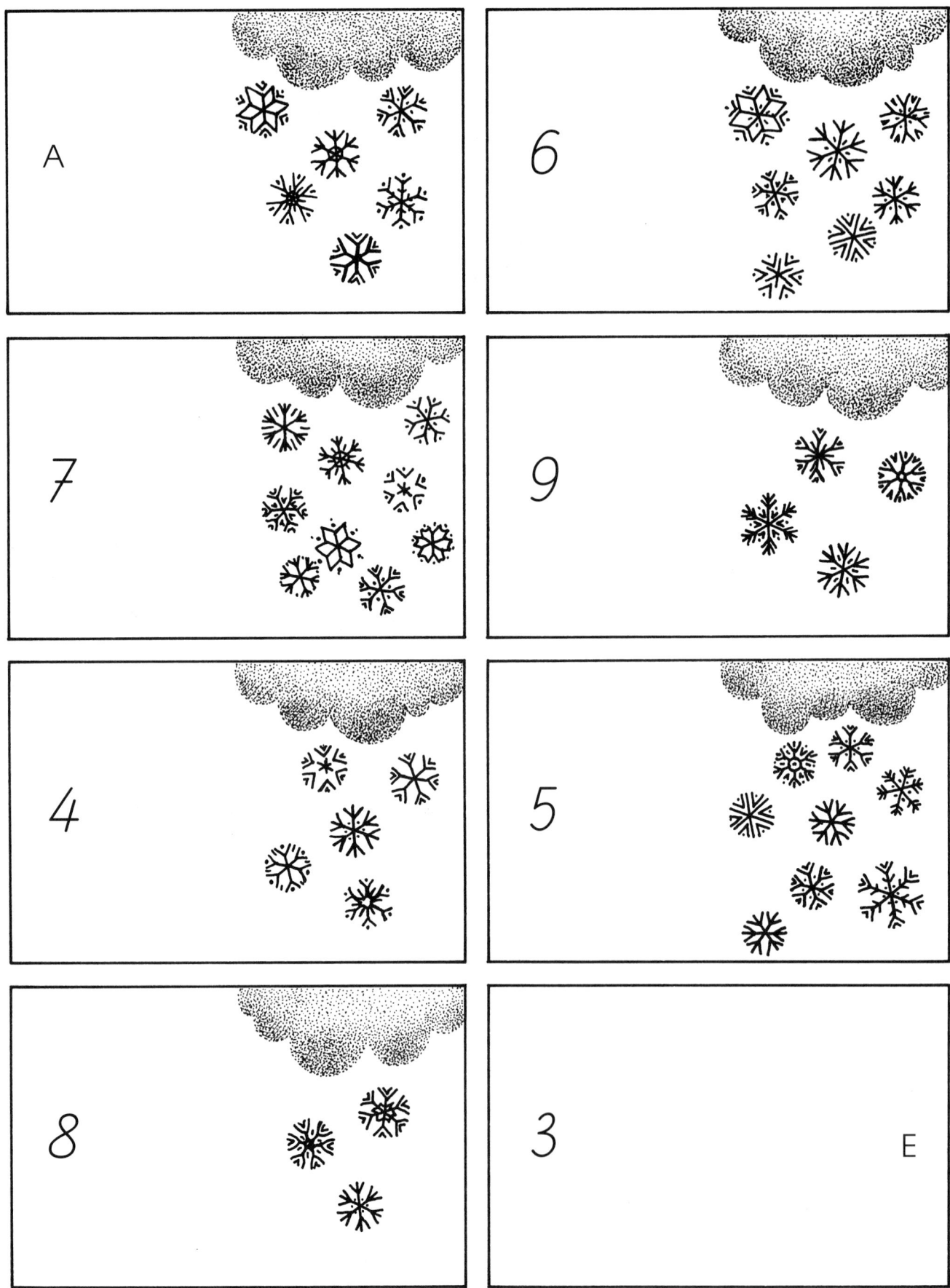

Klammerkarte: Welche Zahl ist richtig?

Klammere mit der richtigen Farbe!

6 ○ gelb
7 ○ rot
8 ○ blau
9 ○ grün

67

2.3 Zahlen als ordnende Reihe

Ausmalbild: Vorgänger – Nachfolger

Suche Vorgänger und Nachfolger und trage sie ein!

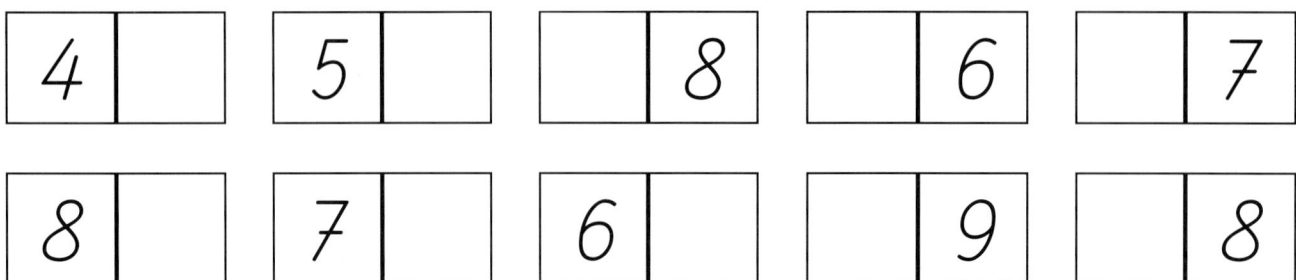

| 4 | | | 5 | | | | 8 | | 6 | | | | 7 |
| 8 | | | 7 | | | 6 | | | | 9 | | | 8 |

Ob du die richtigen gefunden hast, kannst du sehen, wenn du im Bild alle Felder mit deinen Ergebniszahlen in einer Farbe ausmalst.

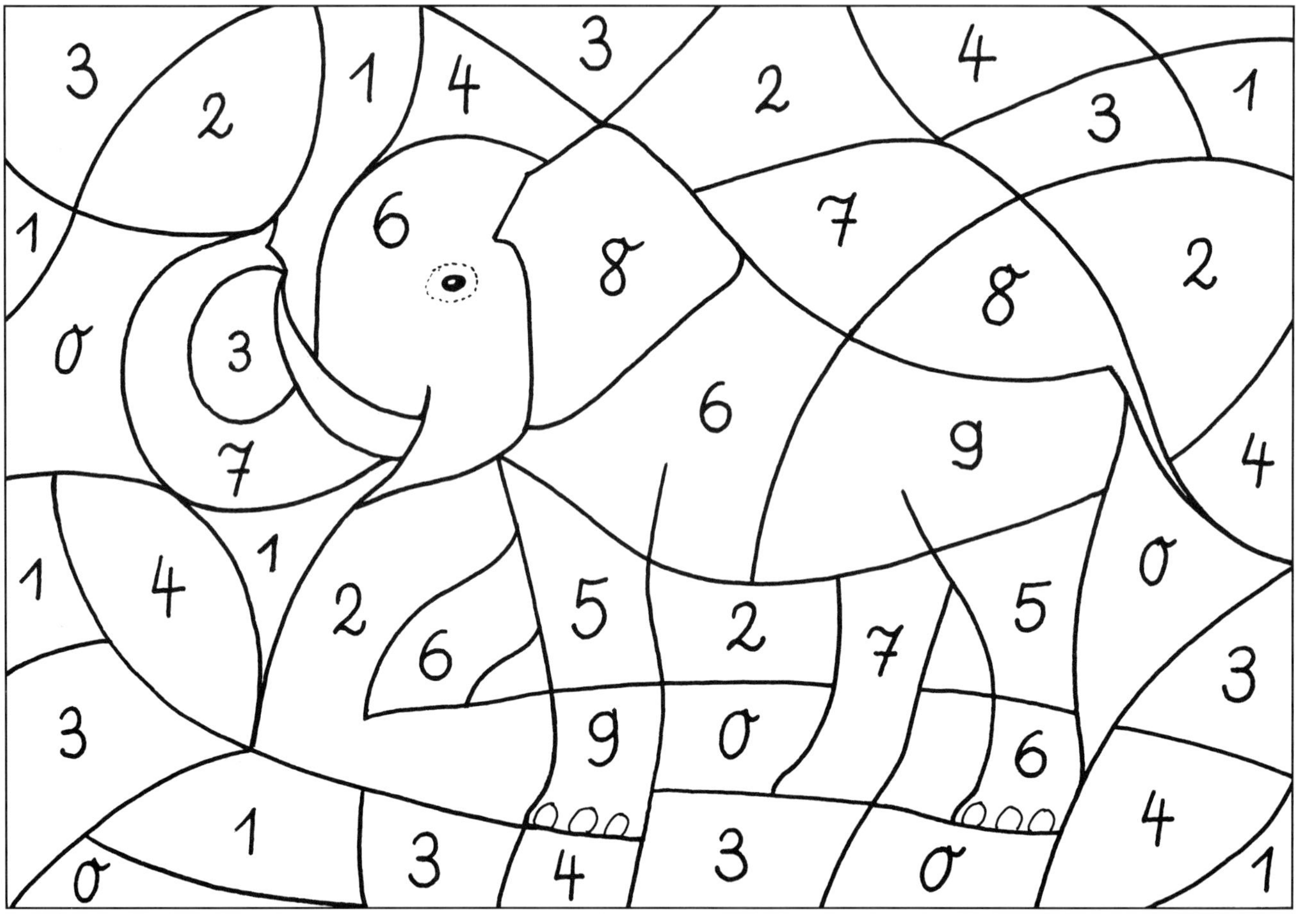

Stöpsle den Nachfolger!

1	1	2	3
5	6	7	5
8	9	8	7
6	6	7	8
3	4	3	2
7	6	7	8
4	4	3	5
2	2	4	3

Stöpsle den Vorgänger!

7	8	6	5
8	7	8	9
9	6	8	5
6	5	4	7
5	3	4	5
2	1	2	3
3	4	2	3
4	4	2	3

Stöpselkarten: Vorausgehende – nachfolgende Zahlen

Stöpsle alle nachfolgenden Zahlen!

2	8	7	3	2	4
8	9	6	8	7	5
4	3	9	5	8	4
5	9	8	6	4	3
3	2	4	3	8	9
7	6	8	7	9	5
1	4	1	0	2	3
6	8	7	6	9	5

Stöpsle alle vorausgehenden Zahlen!

9	8	9	4	3	5
6	8	6	7	5	4
7	5	8	6	9	3
5	3	6	4	8	5
7	8	7	6	9	5
8	5	8	6	7	9
9	9	8	7	6	5
5	5	4	6	3	7

Stöpsle die fehlenden Zahlen!

9	7	7	7	4	8	5	4
7	5	8	6	8	6	7	3
6	8	6	9	9	7	6	5
8	9	○	8	○	9	9	7
6	8	5	7	6	○	8	6
○	○	○	○	7	○	○	○

Stöpsle die Nachbarzahlen!

4	8	5	9	3	4	8	8
7	9	3	8	4	2	7	4
6	6	4	5	5	3	6	5
5	7	2	7	6	5	5	6
6	7	4	8	5	3	6	5

Lernschieber: Relationen > < =

	$6 \bigcirc 5$		$7 \bigcirc 8$
$>$	$5 \bigcirc 4$	$<$	$8 \bigcirc 6$
$>$	$7 \bigcirc 8$	$>$	$7 \bigcirc 7$
$<$	$9 \bigcirc 9$	$=$	$6 \bigcirc 8$
$=$	$9 \bigcirc 8$	$<$	$8 \bigcirc 5$
$>$	$5 \bigcirc 6$	$>$	$9 \bigcirc 6$
$<$	$7 \bigcirc 9$	$>$	$5 \bigcirc 7$
$<$		$<$	

Stöpsle das richtige Zeichen!

	>	<	=
7 ○ 7			
5 ○ 9			
9 ○ 8			
7 ○ 6			
5 ○ 8			
4 ○ 7			
8 ○ 3			
9 ○ 4			

Stöpsle das richtige Zeichen!

	>	<	=
7 ○ 9			
8 ○ 8			
4 ○ 6			
5 ○ 7			
6 ○ 8			
8 ○ 5			
6 ○ 7			
7 ○ 7			

Top table

Stöpsle die richtige Zahl!	8	5	6	7	9
○ < 6					
○ > 8					
7 > ○					
6 < ○					
○ > 5					
7 = ○					
○ < 7					
8 > ○					

Bottom table

Stöpsle die richtige Zahl!	9	6	5	8	7
○ > 6					
○ < 8					
6 = ○					
8 > ○					
5 < ○					
○ < 7					
8 < ○					
6 > ○					

Domino: Addition und Subtraktion

A   9 − 0

9   8 − 6

2   2 + 5

7   4 + 4

8   7 − 4

3   9 − 5

4   8 − 7

1   E

Mäusespiel: Welche Maus kann den Käse erreichen?

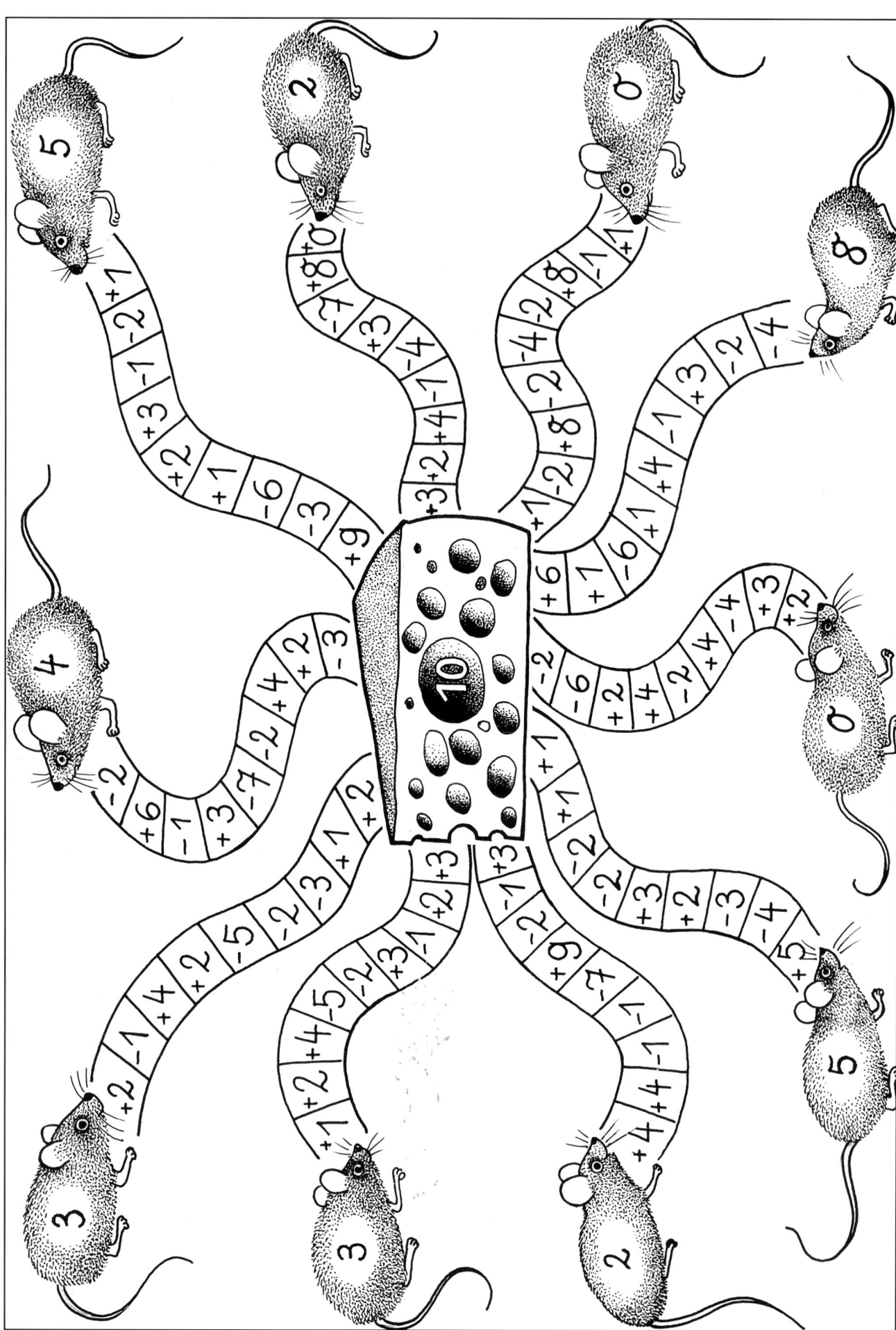

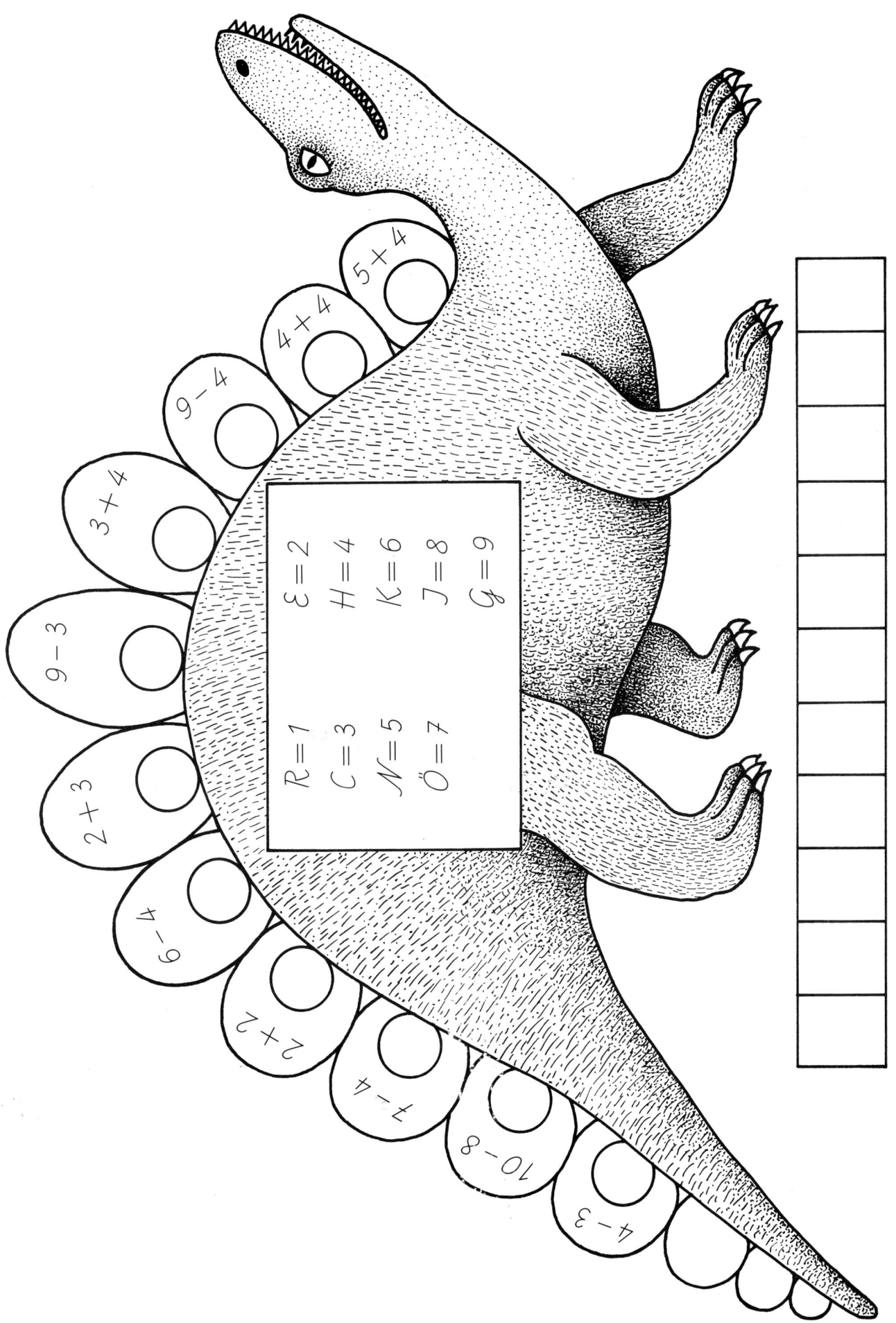

5 + 4
4 + 4
9 − 4
3 + 4
9 − 3
2 + 3
9 − 4
2 + 2
7 − 4
10 − 8
4 − 3

R = 1   E = 2
C = 3   H = 4
N = 5   K = 6
Ö = 7   J = 8
       G = 9

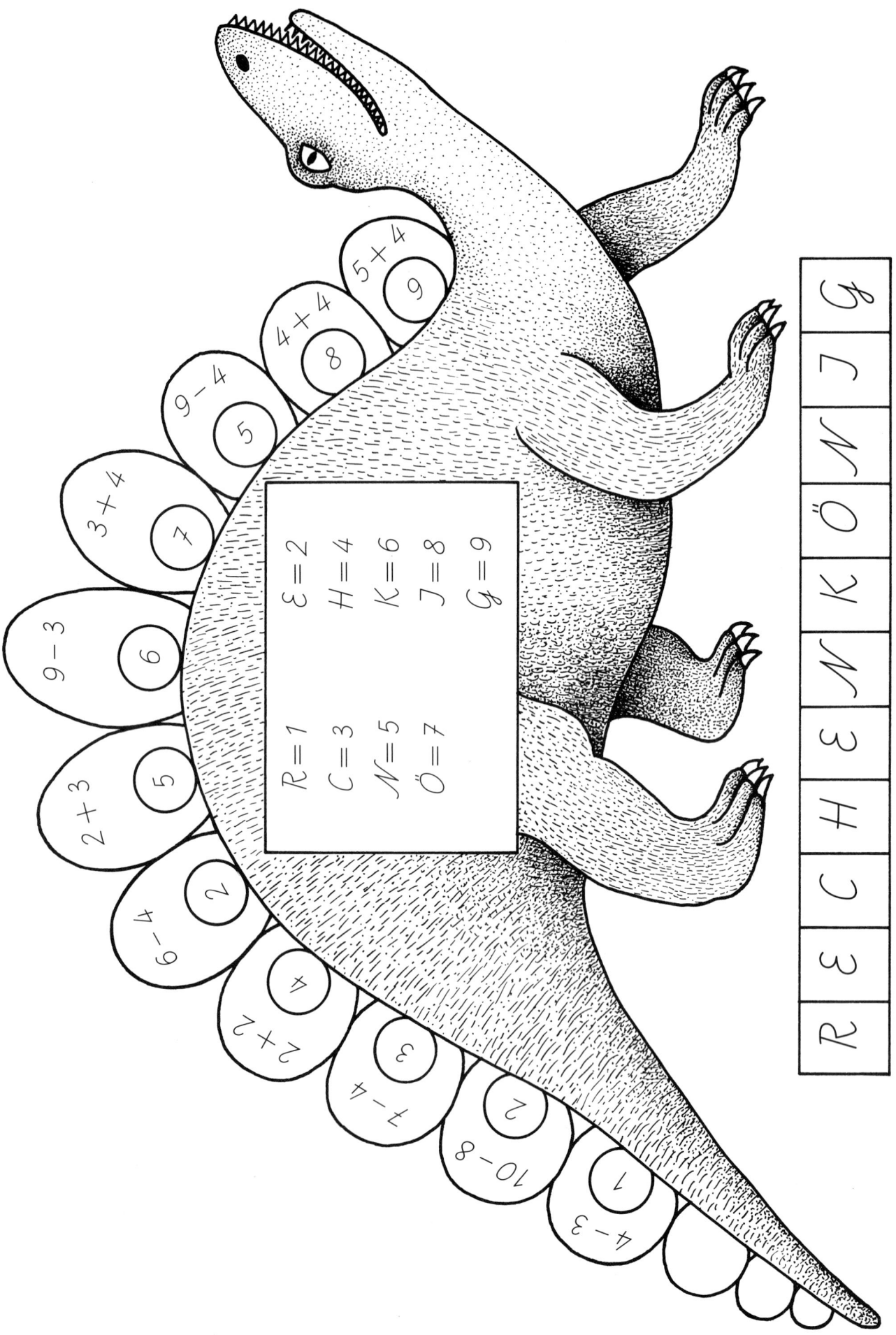

5 + 4 — 9
4 + 4 — 8
9 − 4 — 5
3 + 4 — 7
9 − 3 — 6
2 + 3 — 5
6 − 4 — 2
2 + 2 — 4
7 − 4 — 3
10 − 8 — 2
4 − 3 — 1

R = 1   E = 2
C = 3   H = 4
N = 5   K = 6
Ö = 7   J = 8
       G = 9

R E C H E N K Ö N J G

Straßenbahnspiel: Addition und Subtraktion

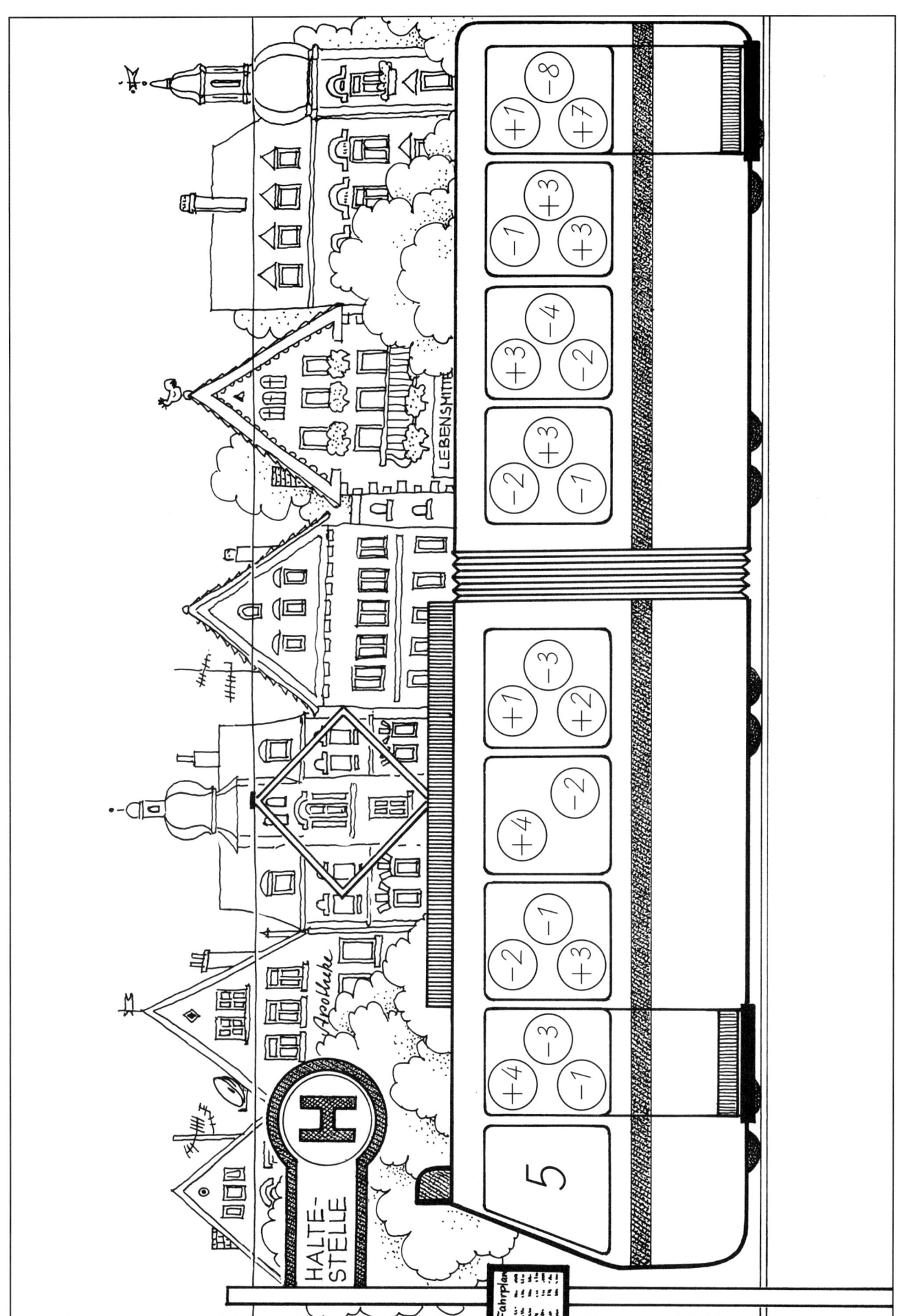

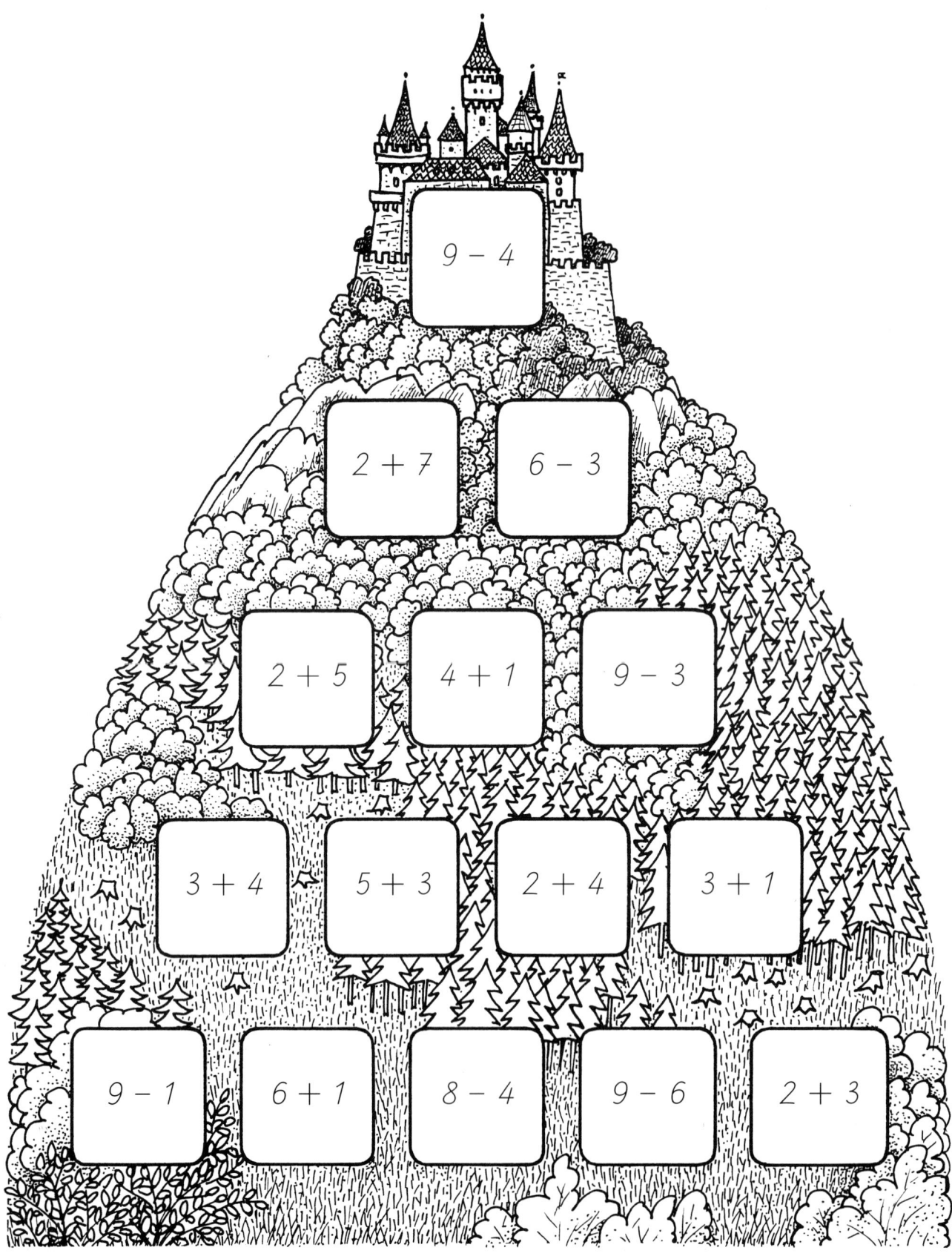

$1 + 8$

$6 + 2$

$5 + 4$

$2 + 7$

$3 + 3$

$4 + 3$

$5 + 3$

$8 + 1$

$2 + 6$

$3 + 4$

$2 + 5$

$1 + 8$

8 – 2 	9 – 3 	4 – 2 
6 – 3 	8 – 4 	9 – 6 
8 – 5 	6 – 2 	5 – 4 
7 – 3 	9 – 2 	6 – 2 

Stöpsle das richtige Ergebnis!

8 − 6	1	2	3	4	5
7 − 5	4	3	1	2	0
6 − 3	2	3	1	0	4
8 − 4	3	4	0	2	1
9 − 7	2	5	3	4	6
8 − 5	1	2	0	3	4
9 − 3	7	3	4	5	6
6 − 4	6	3	4	1	2

Stöpsle das richtige Ergebnis!

7 + 1	5	8	7	9	3
1 + 6	6	8	7	9	5
2 + 5	9	7	6	8	4
5 + 3	3	8	5	6	7
6 + 2	5	7	8	9	4
7 + 2	5	8	9	7	3
1 + 7	3	7	5	8	6
2 + 5	3	6	5	7	4

	$8 + 1$		$5 + 3$
9	$6 + 2$	8	$6 + 3$
8	$5 + 2$	9	$4 + 5$
7	$6 + 3$	9	$7 + 1$
9	$1 + 6$	8	$2 + 6$
7	$2 + 5$	8	$1 + 8$
7	$3 + 6$	9	$2 + 4$
9		6	

	9 – 1		9 – 3
8	7 – 5	6	8 – 5
2	6 – 3	3	7 – 4
3	8 – 2	3	6 – 3
6	9 – 8	3	5 – 5
1	7 – 3	0	8 – 6
4	6 – 4	2	9 – 4
2		5	

Auftragsscheibe: Zahlen zerlegen

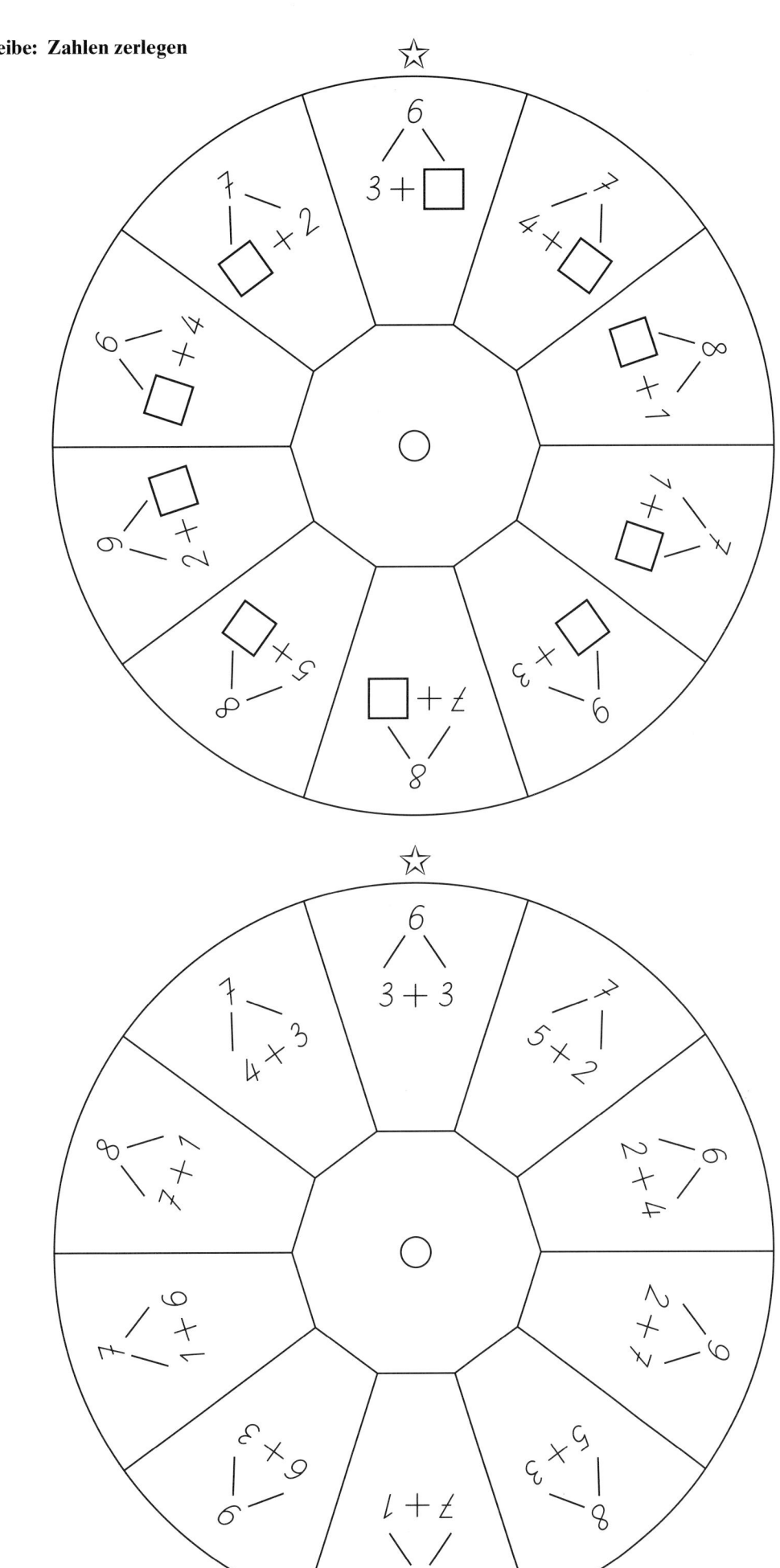

2.5 Tauschaufgaben – Umkehraufgaben

Stöpselkarten: Tauschaufgaben, Umkehraufgaben

Stöpsle die Umkehraufgaben!

$7-3=4$	$1+8=9$	$8-5=3$	$8-3=5$	$3+6=9$	$9-7=2$	$8-2=6$	$9-3=6$
$7-2=5$	$8+1=9$	$8-3=5$	$8-2=6$	$6+3=9$	$9-8=1$	$8-4=4$	$9-5=4$
$7-5=2$	$1+7=8$	$8-6=2$	$8-6=2$	$6+2=8$	$9-1=8$	$8-3=5$	$9-4=5$
$5+2=7$	$9-1=8$	$3+5=8$	$2+6=8$	$9-3=6$	$8+1=9$	$4+4=8$	$5+4=9$

Stöpsle die Tauschaufgabe!

$1+7$	$2+5$	$3+4$	$5+3$	$5+5$	$7+2$	$1+7$	$6+1$
$1+8$	$2+7$	$3+5$	$5+4$	$5+4$	$2+5$	$8+1$	$6+2$
$2+8$	$2+6$	$3+6$	$4+4$	$3+5$	$2+6$	$8+2$	$2+5$
$8+1$	$7+2$	$6+3$	$4+5$	$5+3$	$2+7$	$1+8$	$2+6$

Lernschieber: Umkehraufgaben

	$9 - 2 = 7$		$6 - 3 = 3$
$7 + 2 = 9$	$8 - 2 = 6$	$3 + 3 = 6$	$2 + 3 = 5$
$6 + 2 = 8$	$5 + 3 = 8$	$5 - 3 = 2$	$4 + 4 = 8$
$8 - 3 = 5$	$4 - 2 = 2$	$8 - 4 = 4$	$2 + 7 = 9$
$2 + 2 = 4$	$9 - 8 = 1$	$9 - 7 = 2$	$1 + 6 = 7$
$1 + 8 = 9$	$4 + 5 = 9$	$7 - 6 = 1$	$8 - 5 = 3$
$9 - 5 = 4$	$8 - 6 = 2$	$3 + 5 = 8$	$6 - 5 = 1$
$2 + 6 = 8$		$1 + 5 = 6$	

Peterspiel: Welche Aufgaben gehören zusammen?

$8 - 6 = 2$

$8 - 7 = 1$

$8 - 2 = 6$

$8 - 1 = 7$

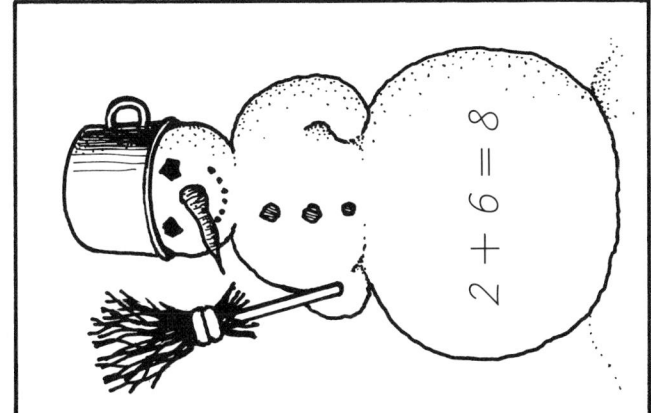

$2 + 6 = 8$

$1 + 7 = 8$

$6 + 2 = 8$

$7 + 1 = 8$

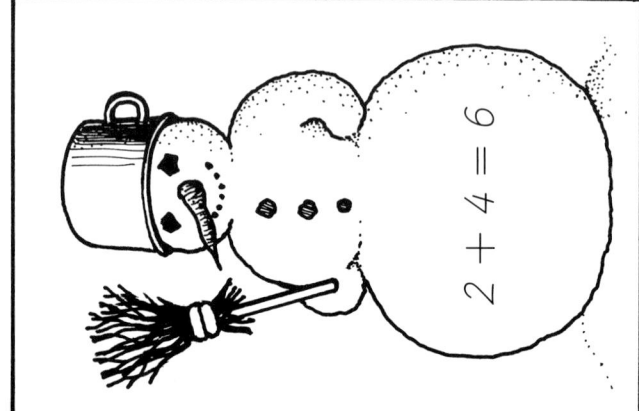

2.6 Vergleichen von Rechenausdrücken

Stöpselkarte: Addition und Subtraktion

Stöpsle in der richtigen Farbe: > gelb, < rot, = grün!

3 − 2 ○ 1	8 − 2 ○ 7	2 + 3 ○ 5
4 + 2 ○ 7	6 − 3 ○ 4	1 + 8 ○ 4
8 + 0 ○ 9	9 − 4 ○ 2	2 + 6 ○ 8
9 − 6 ○ 2	8 − 7 ○ 1	3 + 3 ○ 9
6 − 4 ○ 3	5 − 4 ○ 2	4 + 5 ○ 7
1 + 8 ○ 7	6 − 4 ○ 4	3 + 4 ○ 8
1 + 5 ○ 6	7 − 3 ○ 2	1 + 5 ○ 7
9 − 3 ○ 5	7 − 2 ○ 6	3 + 3 ○ 8

Stöpsle alle richtigen Ergebnisse!

$5 - 2 <$	4	2	1
$6 - 3 >$	1	2	3
$8 - 4 =$	3	4	5
$9 - 6 <$	7	5	3
$8 - 2 <$	6	7	5
$4 - 1 >$	2	0	4
$6 - 4 >$	4	1	0
$9 - 7 <$	4	5	2

Stöpsle alle richtigen Ergebnisse!

$3 + 5 >$	8	4	9
$4 + 2 <$	8	7	5
$3 + 3 =$	8	7	6
$6 + 2 >$	7	8	5
$8 + 1 >$	7	8	9
$4 + 4 <$	7	9	8
$3 + 5 >$	6	7	8
$2 + 7 >$	9	8	5

Stöpsle in der richtigen Farbe: > 🌰 gelb, < 🌰 rot, = 🌰 grün!

7 + 1 ◯ 6 + 2	8 + 1 ◯ 7 + 2	4 + 2 ◯ 5 + 1
5 + 2 ◯ 3 + 4	2 + 3 ◯ 3 + 4	5 + 2 ◯ 6 + 1
3 + 3 ◯ 5 + 1	5 + 4 ◯ 2 + 2	3 + 6 ◯ 7 + 0
4 + 2 ◯ 6 + 2	4 + 3 ◯ 3 + 5	4 + 1 ◯ 2 + 2
5 + 3 ◯ 4 + 4	6 + 3 ◯ 7 + 1	5 + 1 ◯ 7 + 2
5 + 2 ◯ 6 + 3	3 + 5 ◯ 2 + 3	8 + 0 ◯ 6 + 3
4 + 2 ◯ 2 + 3	4 + 1 ◯ 4 + 3	4 + 2 ◯ 6 + 0
5 + 2 ◯ 8 + 1	2 + 3 ◯ 2 + 5	1 + 8 ◯ 3 + 5

Stöpsle in der richtigen Farbe: > 🌓 gelb, < 🌓 rot, = 🌓 grün!

8 − 1 ○ 7 − 2	8 − 2 ○ 9 − 5	6 − 2 ○ 8 − 4
9 − 4 ○ 9 − 3	6 − 4 ○ 8 − 2	3 − 1 ○ 6 − 3
7 − 3 ○ 6 − 2	5 − 3 ○ 6 − 4	4 − 2 ○ 8 − 5
5 − 1 ○ 9 − 4	7 − 5 ○ 6 − 3	3 − 3 ○ 6 − 5
4 − 3 ○ 8 − 7	8 − 6 ○ 7 − 3	8 − 3 ○ 9 − 6
9 − 3 ○ 6 − 0	4 − 2 ○ 8 − 5	9 − 5 ○ 6 − 3
8 − 4 ○ 6 − 1	8 − 6 ○ 5 − 2	8 − 6 ○ 9 − 4
9 − 3 ○ 5 − 3	8 − 5 ○ 9 − 6	3 − 1 ○ 8 − 6

Stöpselkarte: Vergleichen von Additions- und Subtraktionsausdrücken

Stöpsle in der richtigen Farbe: > 🌑 gelb, < 🌑 rot, = 🌑 grün!

8 + 1 ○ 9 – 4	3 + 4 ○ 8 – 2	3 + 4 ○ 8 – 3
9 – 5 ○ 2 + 3	5 + 1 ○ 9 – 4	6 + 2 ○ 9 – 1
6 – 3 ○ 3 + 3	6 + 2 ○ 8 – 4	1 + 7 ○ 8 – 0
5 + 2 ○ 3 + 4	8 + 1 ○ 7 + 2	9 – 4 ○ 6 – 3
6 + 3 ○ 5 – 1	7 – 3 ○ 8 – 4	6 – 3 ○ 7 – 2
4 + 2 ○ 5 – 3	6 + 1 ○ 9 – 5	7 – 2 ○ 8 – 6
6 + 1 ○ 9 – 2	3 + 6 ○ 9 – 4	8 + 1 ○ 9 – 4
5 + 2 ○ 8 – 2	4 – 2 ○ 7 – 5	9 – 8 ○ 6 – 3

2.6 Rechengeschichten

Domino: Addition

A	4 + 3 = 7
2 + 7 = 9	6 + 3 = 9
7 + 1 = 8	4 + 4 = 8
2 + 5 = 7	6 + 1 = 7 E

Domino: Subtraktion

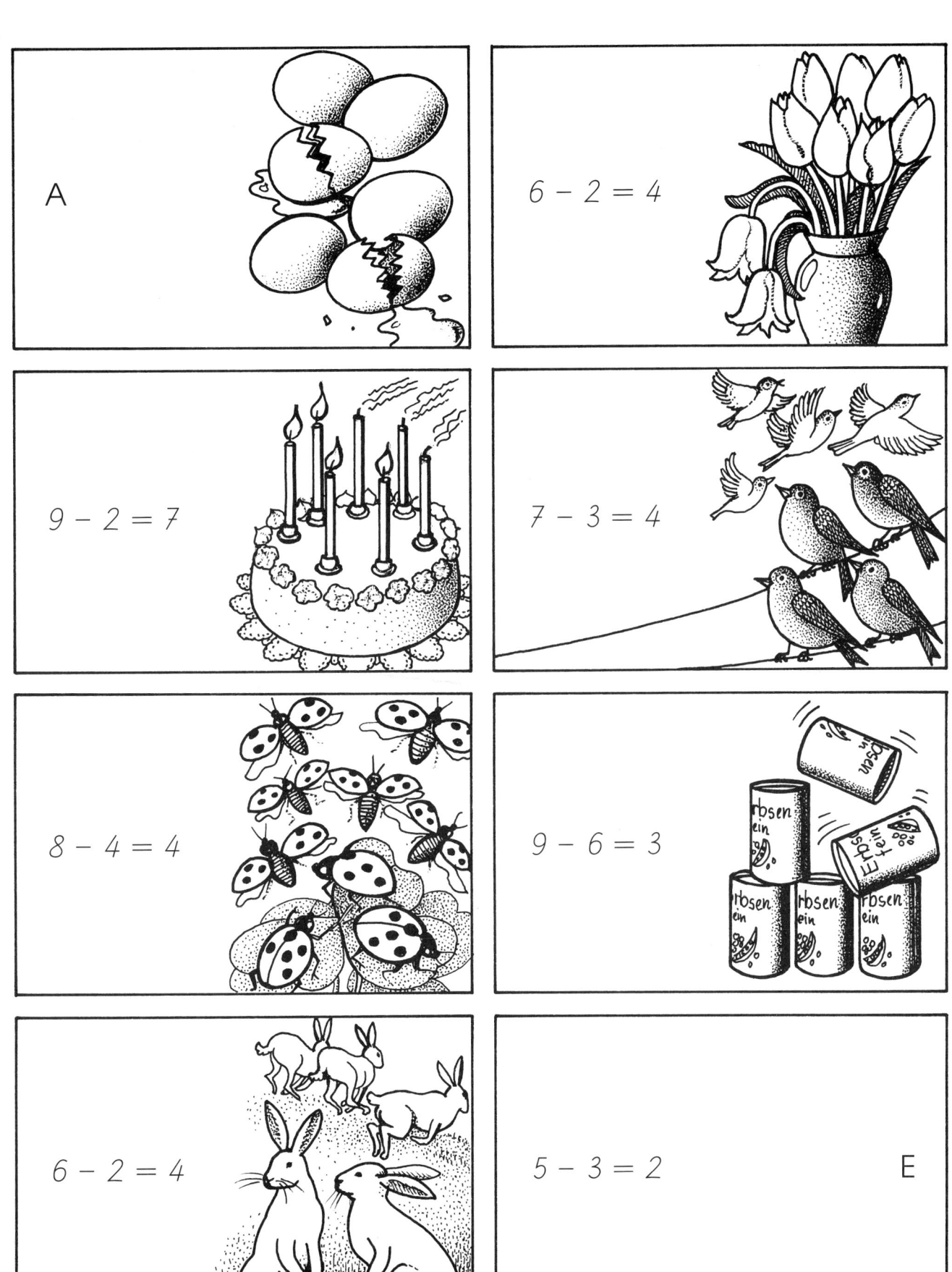

A

6 − 2 = 4

9 − 2 = 7

7 − 3 = 4

8 − 4 = 4

9 − 6 = 3

6 − 2 = 4

5 − 3 = 2   E

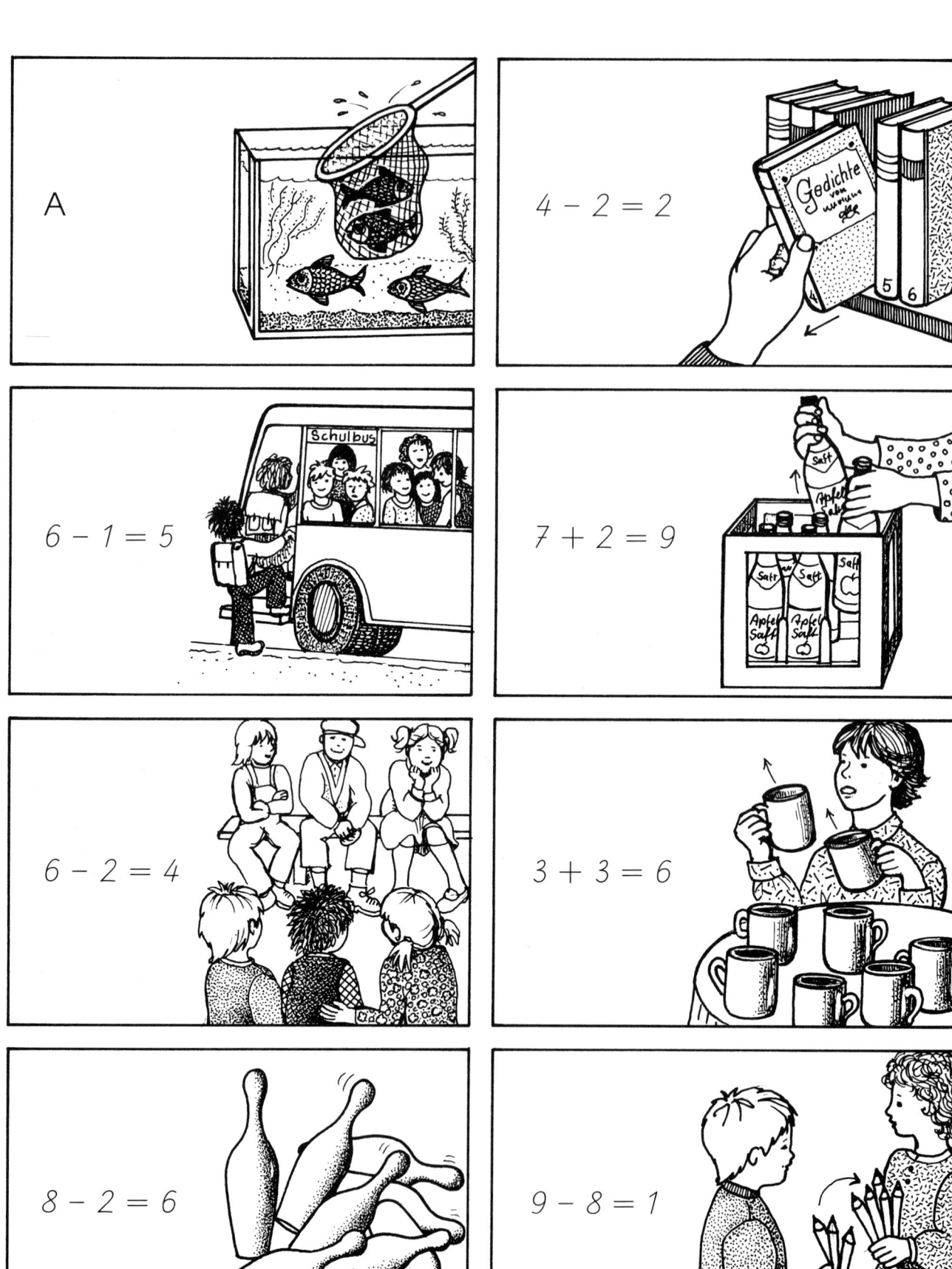

$5 + 3 = 8$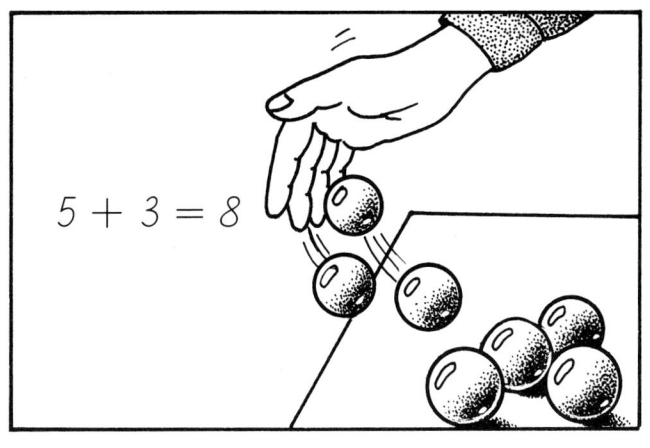

$4 + 3 = 7$

$8 - 6 = 2$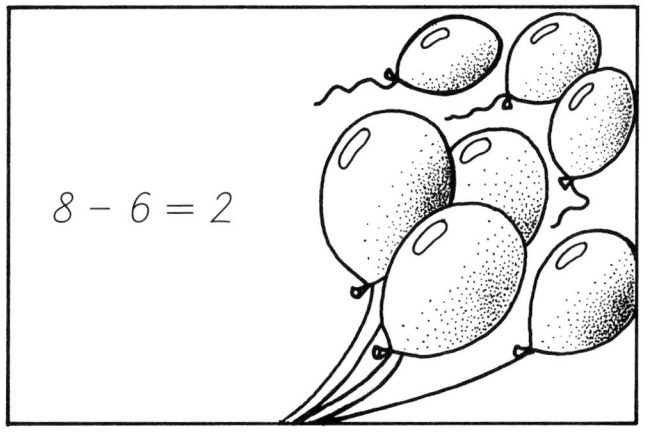

$7 - 3 = 4$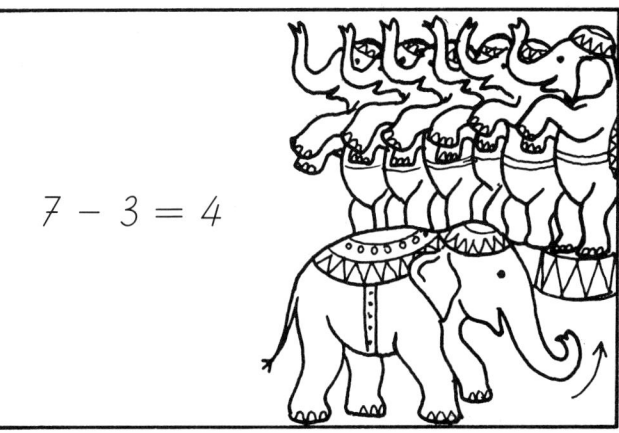

$6 + 1 = 7$

$8 - 3 = 5$

$1 + 3 = 4$

$5 + 4 = 9$

E

2.7 Platzhalteraufgaben

Pfeildomino: Addition (Platzhalter in der Mitte)

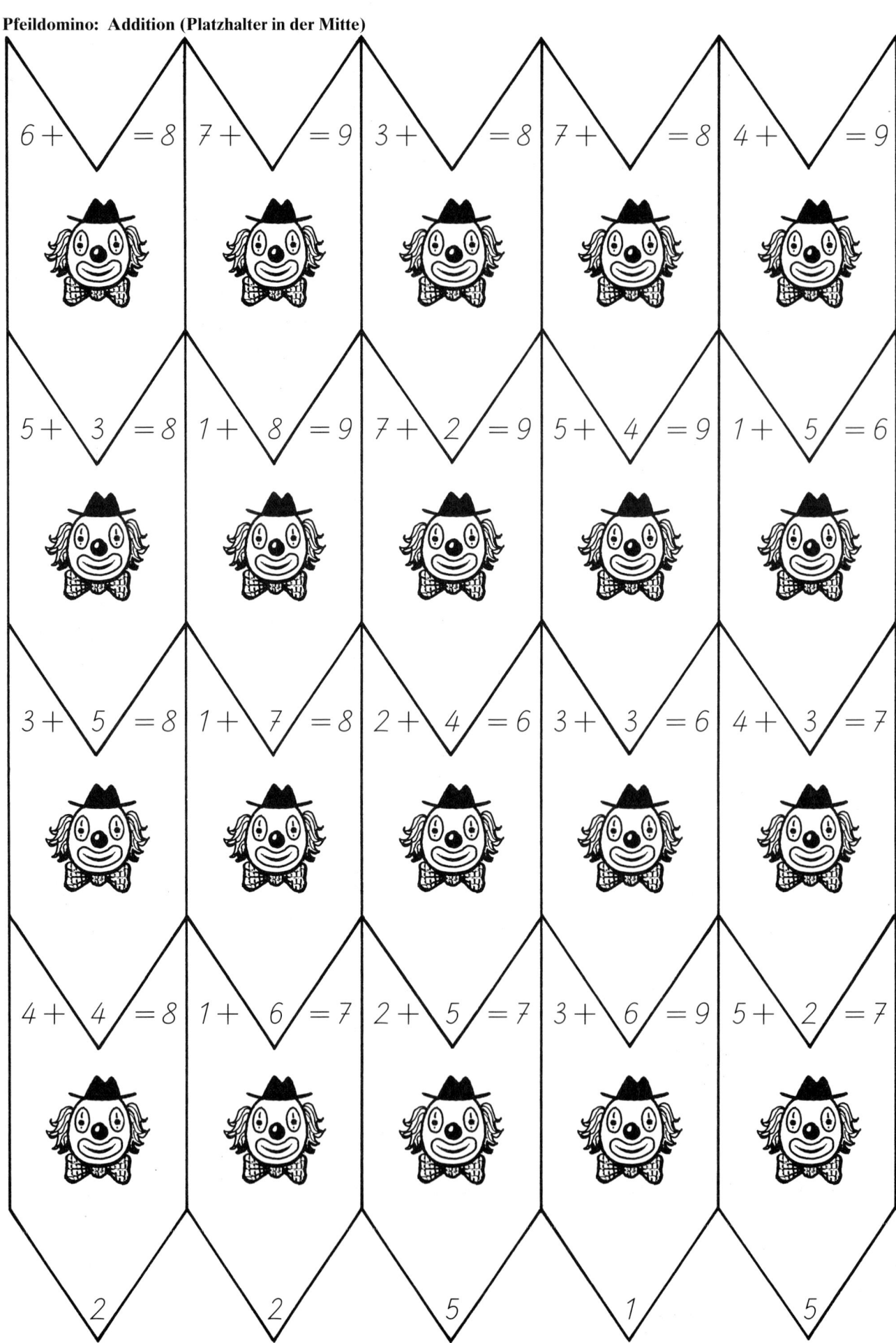

6 + ☐ = 8	7 + ☐ = 9	3 + ☐ = 8	7 + ☐ = 8	4 + ☐ = 9
5 + 3 = 8	1 + 8 = 9	7 + 2 = 9	5 + 4 = 9	1 + 5 = 6
3 + 5 = 8	1 + 7 = 8	2 + 4 = 6	3 + 3 = 6	4 + 3 = 7
4 + 4 = 8	1 + 6 = 7	2 + 5 = 7	3 + 6 = 9	5 + 2 = 7
2	2	5	1	5

Pfeildomino: Subtraktion (Platzhalter in der Mitte)

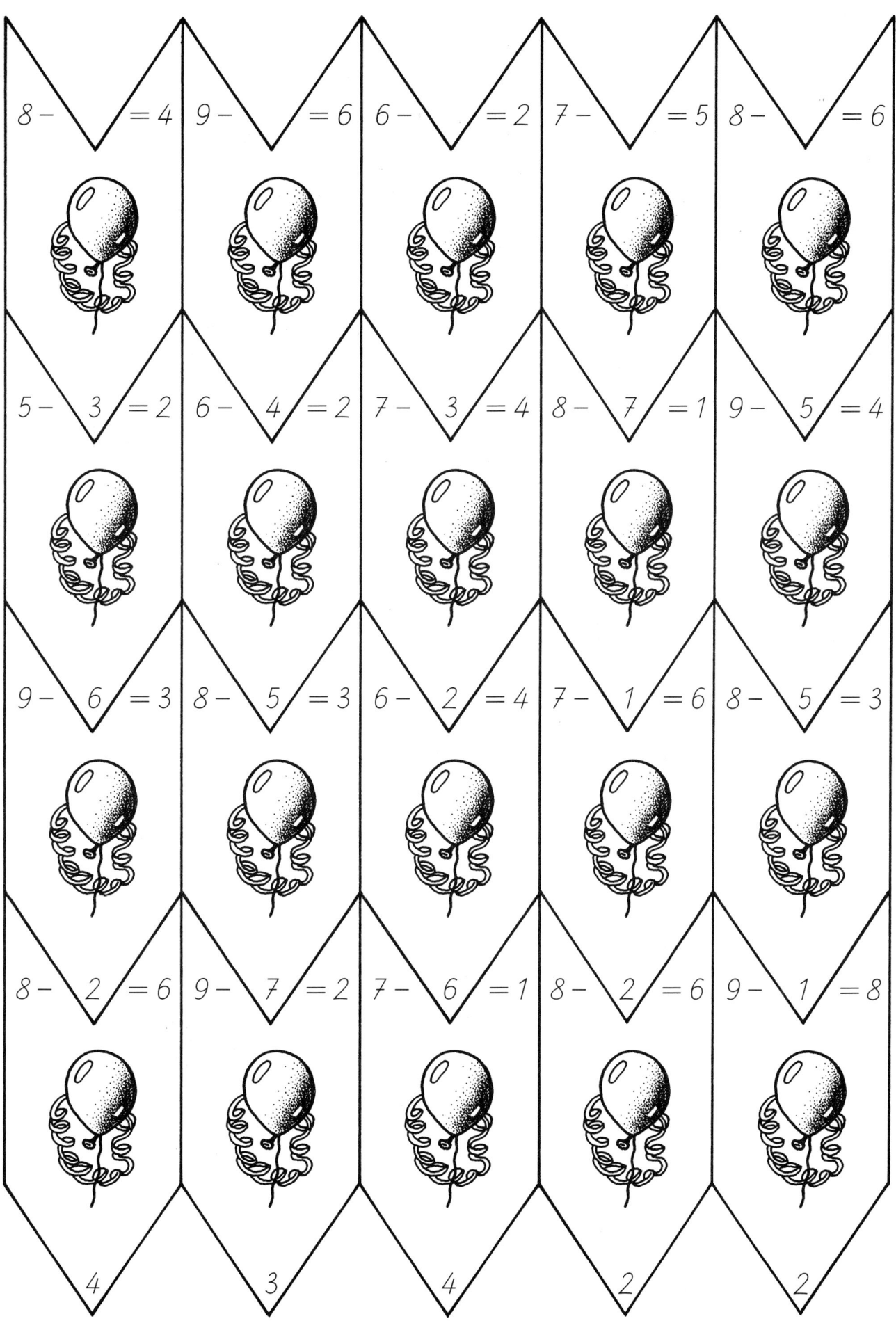

8 − ⌄ = 4   9 − ⌄ = 6   6 − ⌄ = 2   7 − ⌄ = 5   8 − ⌄ = 6

5 − 3 = 2   6 − 4 = 2   7 − 3 = 4   8 − 7 = 1   9 − 5 = 4

9 − 6 = 3   8 − 5 = 3   6 − 2 = 4   7 − 1 = 6   8 − 5 = 3

8 − 2 = 6   9 − 7 = 2   7 − 6 = 1   8 − 2 = 6   9 − 1 = 8

4   3   4   2   2

Stöpsle die richtige Zahl!

Aufgabe			
$\square - 3 = 6$	8	9	7
$\square - 4 = 4$	8	4	7
$\square - 4 = 2$	7	6	8
$\square - 8 = 1$	8	7	9
$\square - 2 = 7$	9	8	7
$\square - 4 = 3$	8	7	6
$\square - 2 = 5$	7	6	8
$\square - 3 = 4$	6	7	8

Stöpsle die richtige Zahl!

Aufgabe			
$\square + 4 = 8$	3	4	5
$\square + 3 = 9$	6	7	8
$\square + 2 = 6$	2	4	3
$\square + 1 = 9$	7	6	8
$\square + 2 = 4$	4	2	3
$\square + 3 = 7$	5	4	3
$\square + 4 = 5$	0	1	2
$\square + 3 = 8$	5	4	3

Stöpselkarten: Addition und Subtraktion (Platzhalter gemischt)

Stöpsle die richtige Zahl!

$\square - 3 = 6$	$2 + 6 = \square$	$1 + \square = 9$	$3 + \square = 7$	$9 - 4 = \square$	$7 - \square = 3$	$2 + \square = 9$	$5 + \square = 9$
7	8	7	5	3	4	7	2
9	9	8	4	5	5	8	4
8	7	6	3	4	1	6	3

Stöpsle die richtige Zahl!

$7 + \square = 9$	$8 - \square = 4$	$\square - 4 = 5$	$\square + 2 = 7$	$3 + 3 = \square$	$8 - 1 = \square$	$\square - 2 = 6$	$8 - \square = 2$
3	5	7	4	5	7	9	6
2	3	8	3	6	6	8	5
5	4	9	5	4	5	7	4

3. Der zweite Zehner

3.1 Die Zahl 10

Ausmalbild: Suche die richtig geschriebene Ziffer!

Male aus!

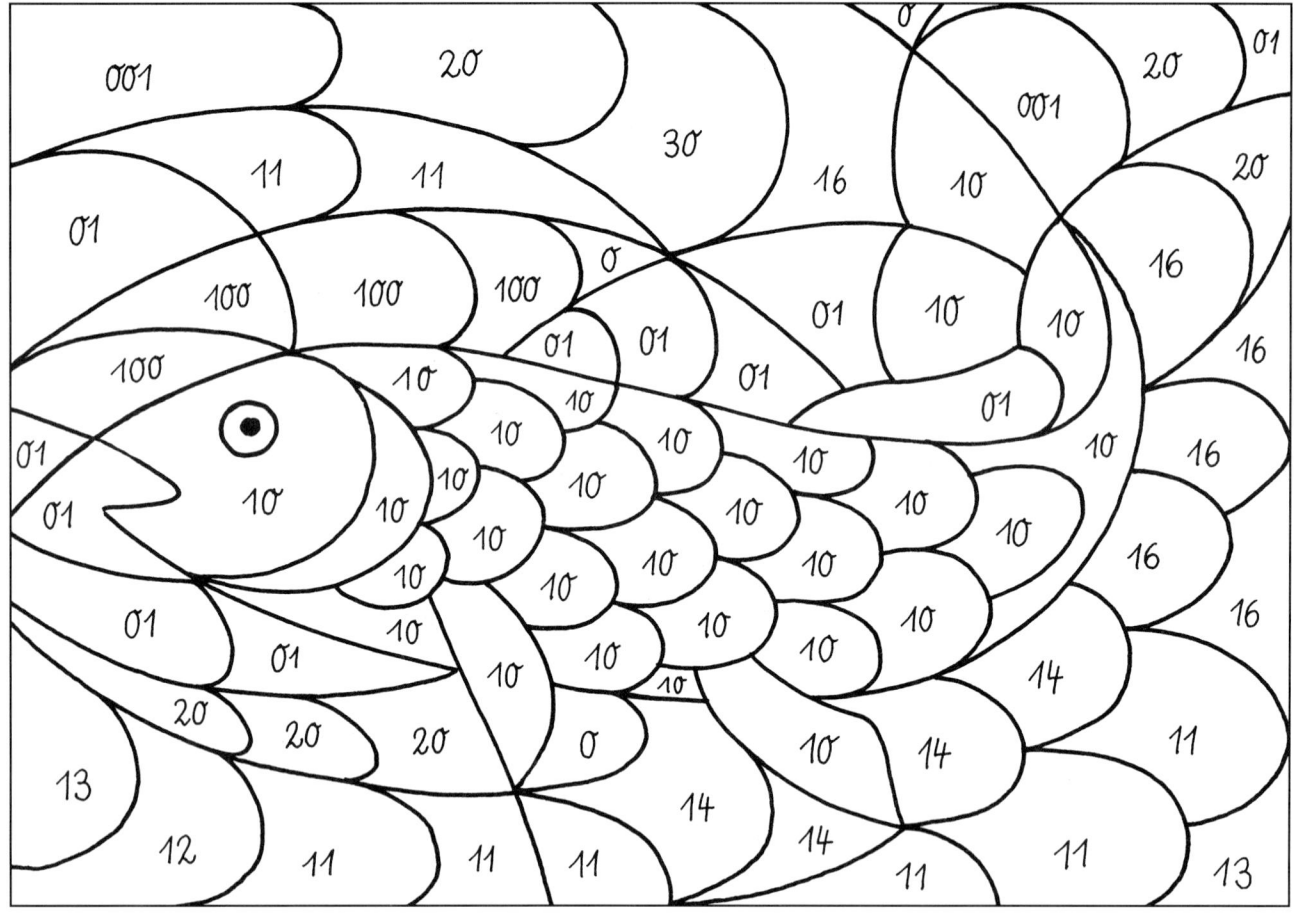

Stöpselkarten: Ergänzen zu 10

Welche Aufgabe gehört zum Bild?

$8+1=10$	$3+7=10$	$7+4=10$	$4+7=10$	$1+7=10$	$0+4=10$	$6+5=10$	$9+0=10$
$8+2=10$	$3+5=10$	$7+3=10$	$4+5=10$	$1+8=10$	$0+10=10$	$6+4=10$	$9+1=10$
$8+3=10$	$3+6=10$	$7+2=10$	$4+6=10$	$1+9=10$	$0+9=10$	$6+3=10$	$9+2=10$

Welche Aufgabe gehört zum Bild?

$7+1=10$	$2+8=10$	$5+3=10$	$4+6=10$	$1+9=10$	$3+5=10$	$6+5=10$	$9+1=10$
$7+3=10$	$2+6=10$	$5+5=10$	$4+4=10$	$1+7=10$	$3+7=10$	$6+3=10$	$9+2=10$
$7+2=10$	$2+7=10$	$5+4=10$	$4+7=10$	$1+8=10$	$3+6=10$	$6+4=10$	$9+0=10$

Ergänze zu 10! Stöpsle die richtige Zahl!

Zahl					
9	4	1	3	2	0
4	1	6	5	3	2
7	1	2	4	3	5
2	4	7	6	5	8
6	4	7	6	5	8
8	1	3	2	4	5
3	0	7	6	5	2
5	3	4	0	5	6

Ergänze zu 10! Stöpsle die richtige Zahl!

Zahl					
8	3	1	2	0	4
2	1	6	7	8	9
3	2	7	3	4	5
4	3	5	6	1	2
5	5	4	3	2	1
6	4	6	5	3	2
1	10	8	7	9	0
0	8	7	10	6	9

Erste Scheibe (oben):
- $6 + \square = 10$
- $3 + \square = 10$
- $5 + \square = 10$
- $1 + \square = 10$
- $4 + \square = 10$
- $2 + \square = 10$
- $7 + \square = 10$
- $0 + \square = 10$
- $8 + \square = 10$
- $9 + \square = 10$

Zweite Scheibe (unten):
- $6 + \boxed{4} = 10$
- $9 + \boxed{1} = 10$
- $8 + \boxed{2} = 10$
- $0 + \boxed{10} = 10$
- $7 + \boxed{3} = 10$
- $2 + \boxed{8} = 10$
- $4 + \boxed{6} = 10$
- $1 + \boxed{9} = 10$
- $5 + \boxed{5} = 10$
- $3 + \boxed{7} = 10$

9	7	8		2	6	1		9	8	5		3	2	6
	$1 + \square = 10$				$4 + \square = 10$				$2 + \square = 10$				$5 + \square = 10$	
6	5	4		4	5	3		4	7	6		1	5	4

4	5	6		0	3	1		9	7	6		1	2	0
	$6 + \square = 10$				$7 + \square = 10$				$3 + \square = 10$				$8 + \square = 10$	
3	2	1		2	4	5		8	5	4		5	3	4

Domino: Ergänzen zu 10

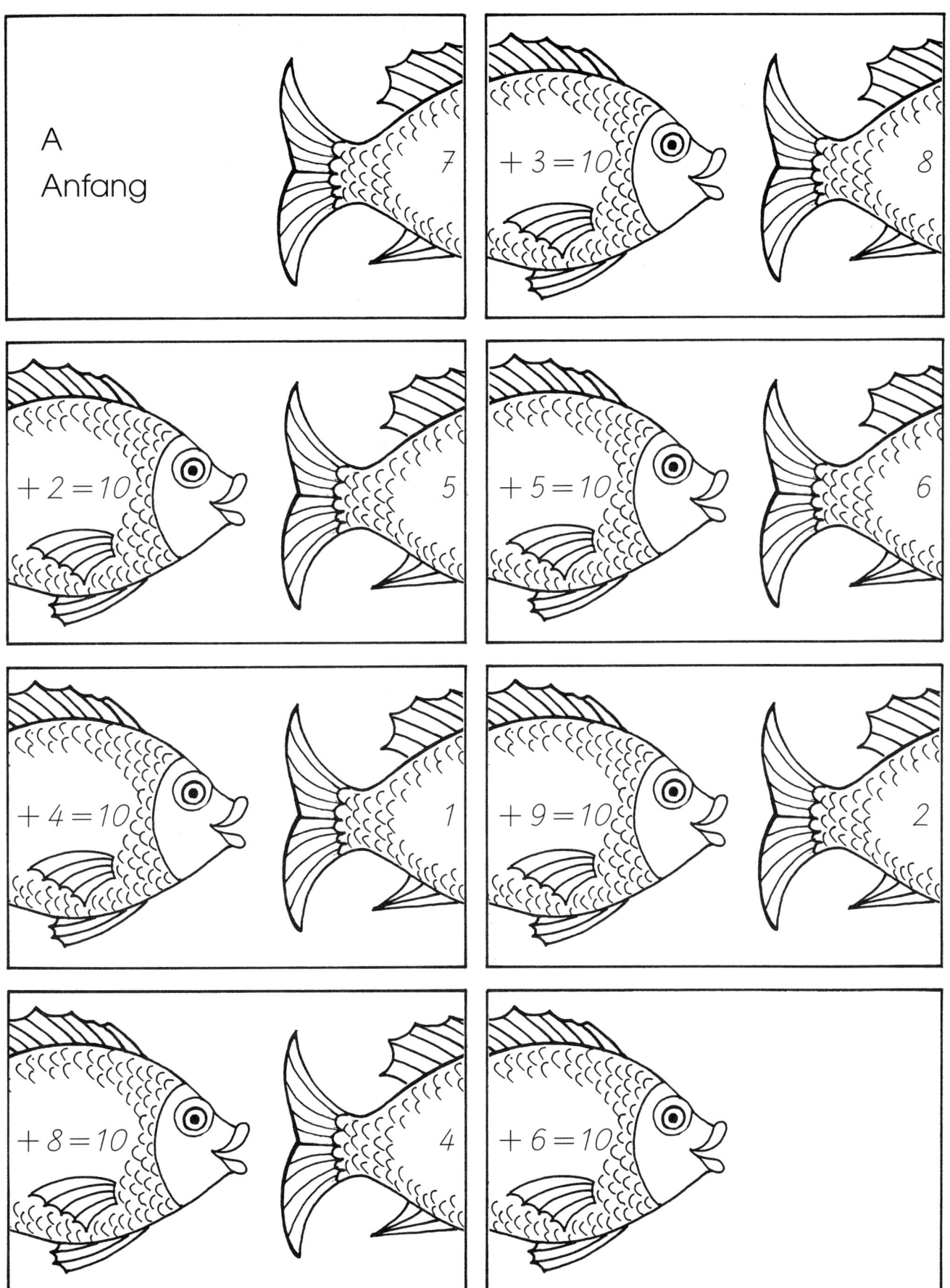

A
Anfang   7

+ 3 = 10   8

+ 2 = 10   5

+ 5 = 10   6

+ 4 = 10   1

+ 9 = 10   2

+ 8 = 10   4

+ 6 = 10

	5, 2, 2		1, 5, 2
1	1, 1	1, 1	5, 1
5, 2, 1	5, 1	1, 1, 1, 1	1, 1, 2
2, 2	10	2, 2, 2	2, 5
	1, 2, 5	1, 1, 1	5, 1, 2, 1
2	1, 1, 2	1	1, 1, 1
1, 5	2, 2, 2, 2	5, 2	1, 2, 1
2		2, 1, 1, 1, 1	

Stöpselkarten: Zerlegen der Zahl 10

Stöpsle richtige Zerlegungen!

10 =	5 + 1	6 + 3	2 + 8
10 =	1 + 9	5 + 4	3 + 3
10 =	4 + 2	6 + 4	5 + 3
10 =	6 + 1	7 + 3	0 + 10
10 =	2 + 5	3 + 7	8 + 2
10 =	5 + 5	9 + 1	2 + 6
10 =	4 + 6	3 + 4	5 + 4
10 =	6 + 3	2 + 2	6 + 4

Stöpsle richtige Zerlegungen!

10 =	6 + 3	7 + 3	8 + 2
10 =	5 + 5	2 + 7	1 + 9
10 =	4 + 5	2 + 8	3 + 7
10 =	2 + 4	3 + 6	1 + 9
10 =	10 + 0	5 + 4	2 + 8
10 =	9 + 1	3 + 7	3 + 6
10 =	4 + 6	8 + 2	5 + 5
10 =	5 + 5	4 + 7	7 + 3

Domino: Addieren von Geldwerten

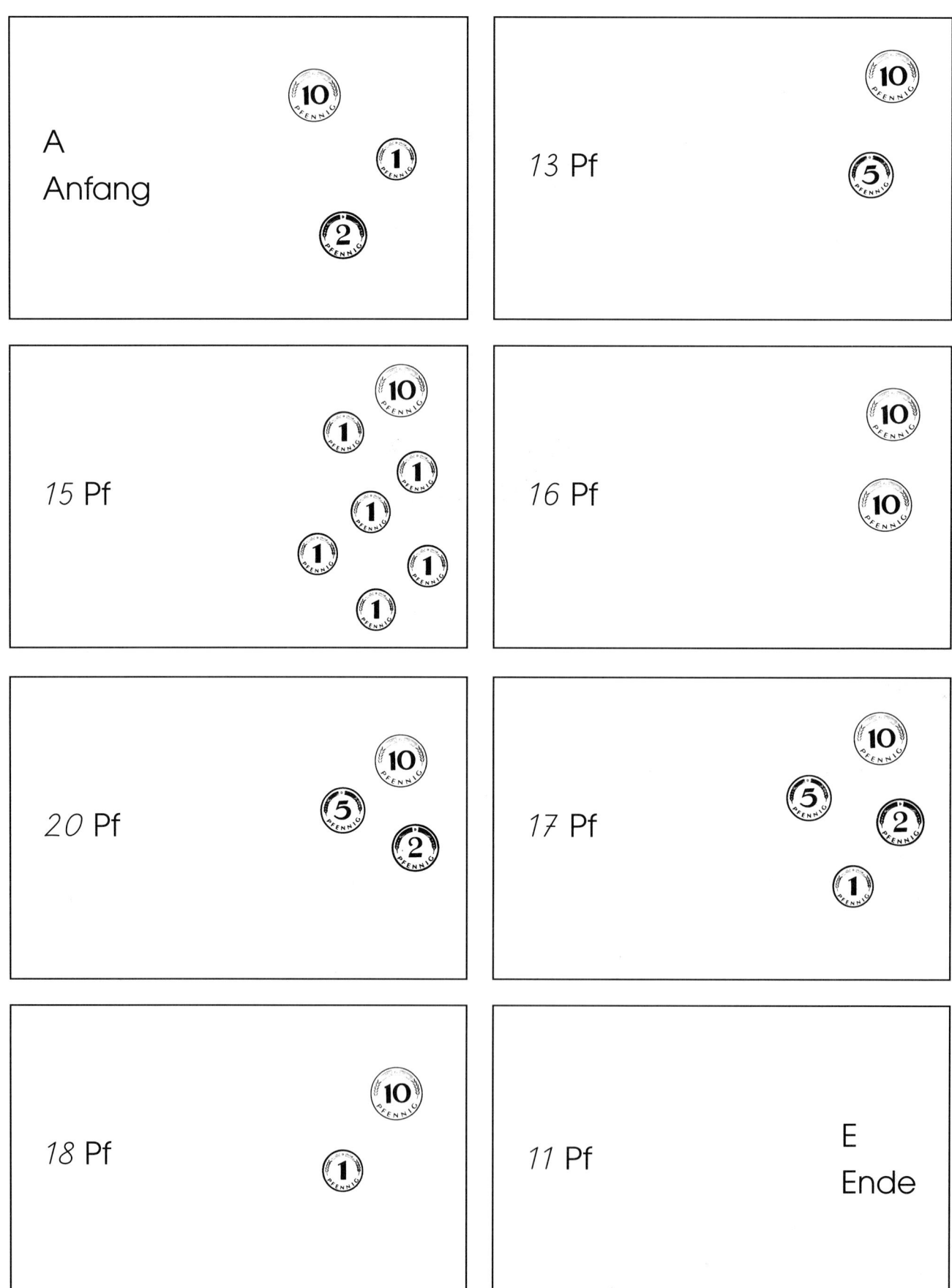

Stöpselkarten: Zerlegen in Zehner und Einer

Stöpsle die richtige Zahl!

1Z 5E	13	15	12
1Z 3E	14	13	11
2Z 0E	19	20	18
1Z 9E	18	19	17
1Z 3E	13	12	14
1Z 4E	15	13	14
1Z 6E	16	13	15
1Z 1E	12	11	13

Stöpsle die richtige Zerlegung!

13	1Z 3E	1Z 2E	1Z 4E
14	1Z 5E	1Z 4E	1Z 6E
18	1Z 8E	1Z 7E	1Z 6E
15	1Z 4E	1Z 3E	1Z 5E
12	1Z 2E	1Z 3E	1Z 5E
19	1Z 8E	1Z 6E	2Z
11	1Z 1E	2Z 0E	1Z 3E
16	1Z 5E	1Z 4E	1Z 6E

Suche Vorgänger und Nachfolger und trage sie ein!

	12	18		12			15		18
15			13	19		14			19

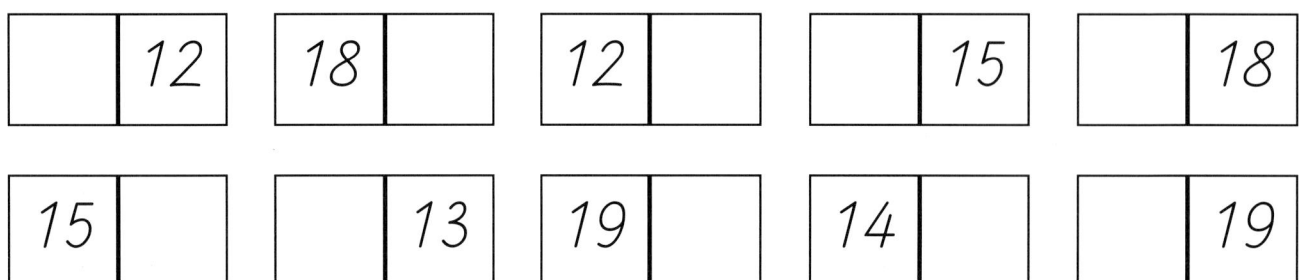

Ob du die richtigen gefunden hast, kannst du sehen, wenn du im Bild alle Felder mit deinen Ergebniszahlen in einer Farbe ausmalst.

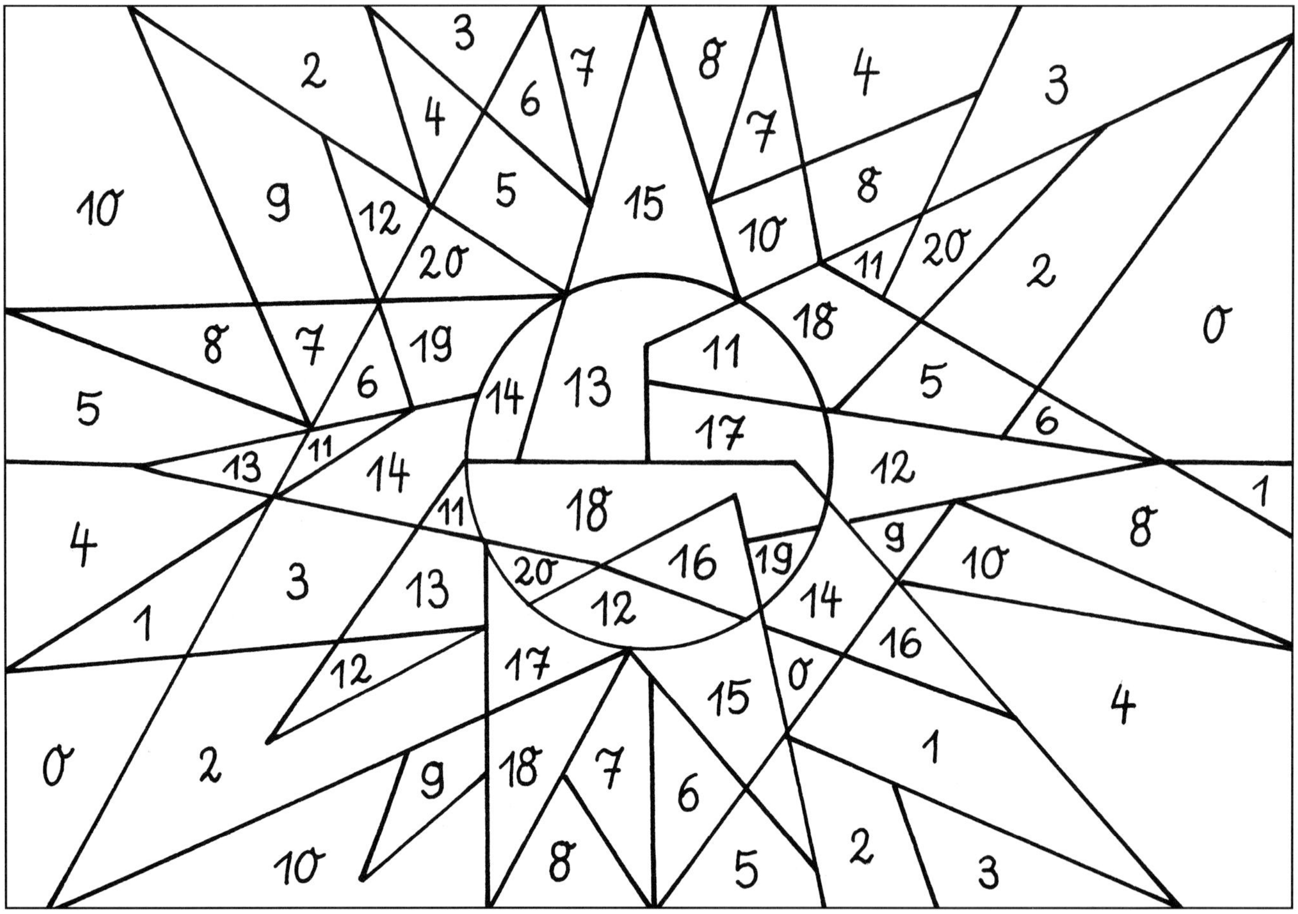

Auftragsscheibe: Reihenfolge der Zahlen bis 20

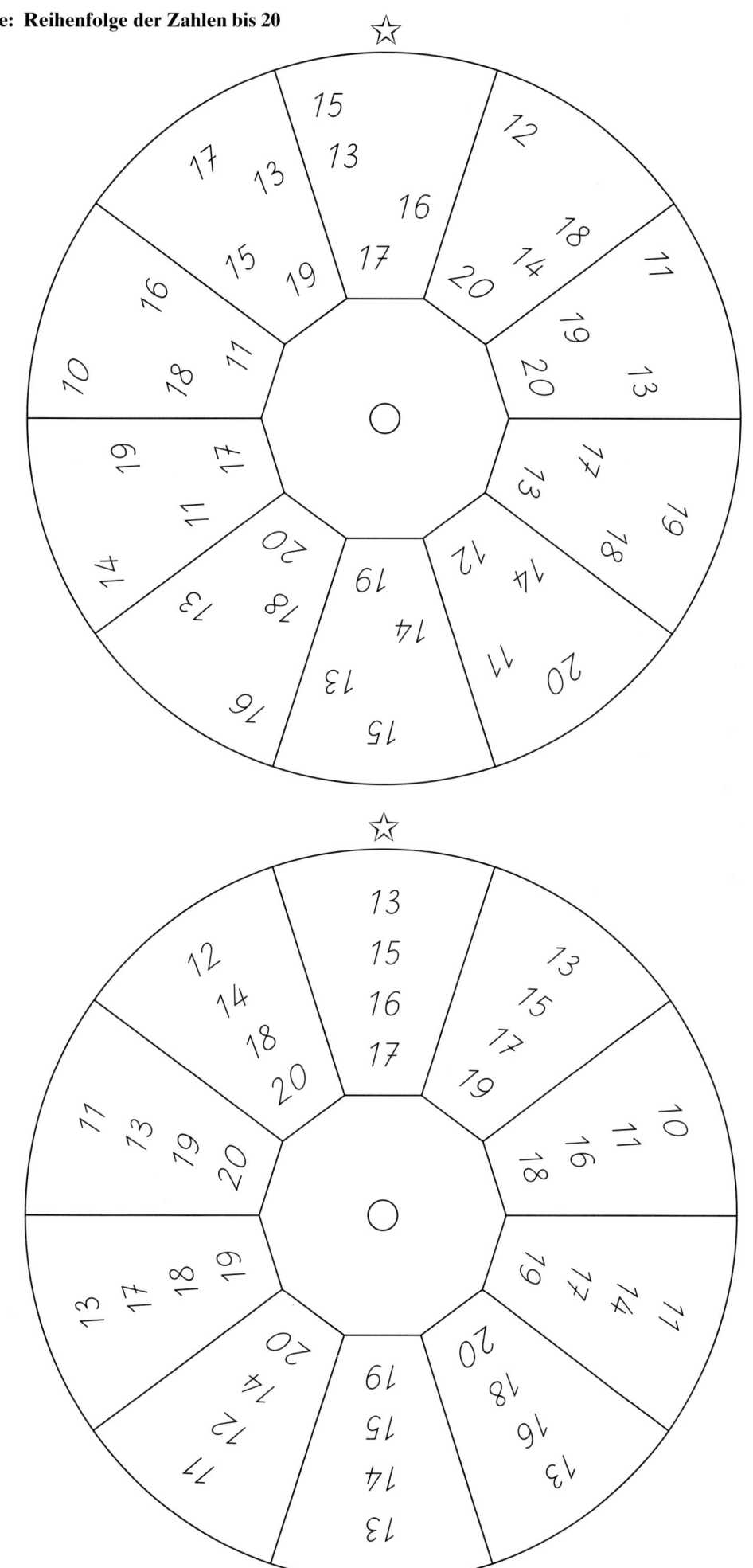

Nenne die fehlende Zahl!

11	–	13	14
10	11	–	13
15	16	–	18
13	–	15	16
14	15	16	–
17	–	19	20
12	–	14	15
–	17	18	19
17	–	19	20
11	12	–	14

Und nun zurück!

20	19	–	17
17	–	15	14
18	17	–	15
19	–	17	16
14	13	–	11
15	–	13	12
16	–	14	13
13	12	–	10
20	–	18	17
16	–	14	13

Stöpselkarten: Vorgänger – Nachfolger

Suche den Nachfolger!

12	12	15	13	14	15
15	16	17	18	19	12
13	15	16	14	18	17
16	17	16	18	19	20
11	11	13	14	15	12
14	13	12	14	15	16
17	15	17	18	19	16
18	16	18	20	19	17

Suche den Vorgänger!

13	14	15	12	16	18
15	13	14	15	16	18
16	13	17	15	18	19
18	14	17	16	19	12
19	15	16	18	12	13
14	13	12	11	15	16
17	18	19	12	11	16
12	11	13	15	14	17

Stöpsle das richtige Zeichen!

	>	<	=
12 ○ 20			
14 ○ 14			
15 ○ 13			
18 ○ 17			
16 ○ 12			
17 ○ 14			
13 ○ 19			
12 ○ 20			

Stöpsle das richtige Zeichen!

	>	<	=
12 ○ 15			
14 ○ 11			
19 ○ 13			
20 ○ 17			
11 ○ 10			
15 ○ 12			
16 ○ 18			
19 ○ 19			

Stöpsle das richtige Ergebnis!

15 > ○	15	14	17
17 < ○	12	18	17
19 > ○	20	11	13
20 > ○	17	20	18
13 < ○	13	16	17
14 > ○	14	15	12
12 < ○	12	11	13
16 > ○	15	16	17

Stöpsle das richtige Ergebnis!

15 > ○	16	14	12
14 < ○	13	16	18
○ < 19	18	20	17
15 < ○	14	15	16
○ < 16	13	16	19
○ = 17	17	15	20
18 > ○	16	19	14
20 > ○	11	13	20

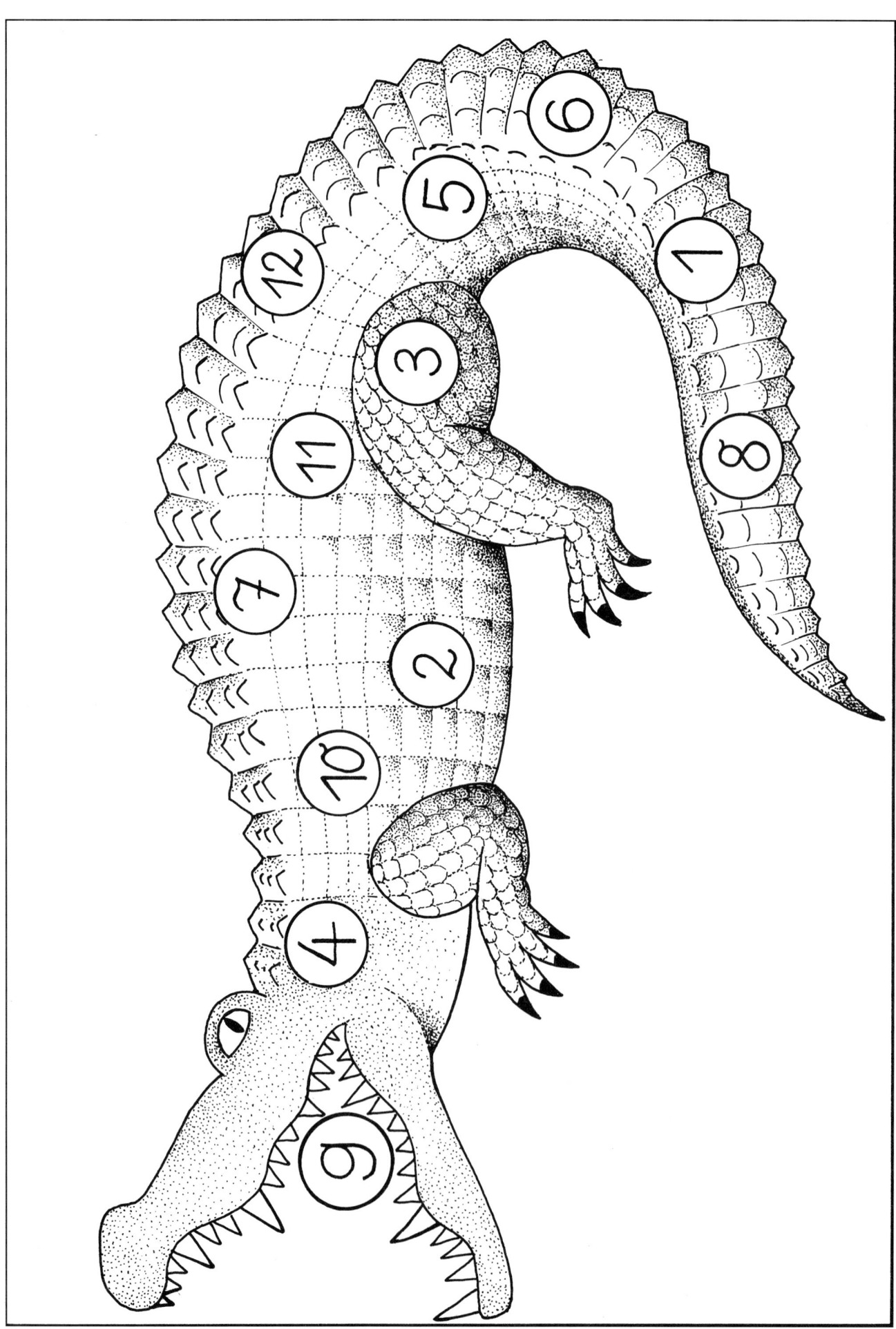

Domino: Analoge Aufgaben

A
Anfang
$12 + 4 = 16$

$2 + 4 = 6$
$9 - 3 = 6$

$19 - 3 = 16$
$15 - 4 = 11$

$5 - 4 = 1$
$7 + 2 = 9$

$17 + 2 = 19$
$16 - 2 = 14$

$6 - 2 = 4$
$18 - 4 = 14$

$8 - 4 = 4$
$13 + 2 = 15$

$3 + 2 = 5$
E
Ende

$12 + 2 = 14$ 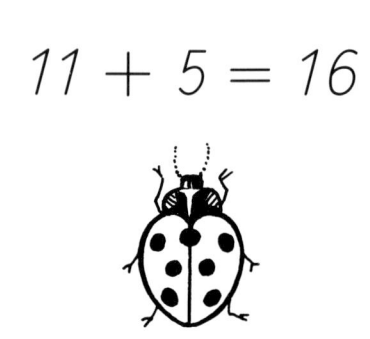	$13 - 3 = 10$	$17 + 1 = 18$
$14 - 2 = 12$	$16 - 2 = 14$	$11 + 5 = 16$
$11 + 9 = 20$	$12 + 3 = 15$	$19 - 5 = 14$
$18 - 3 = 15$ 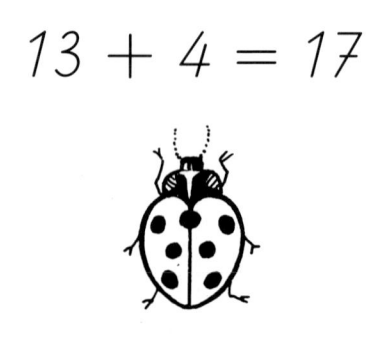	$13 + 4 = 17$	$19 - 6 = 13$ 

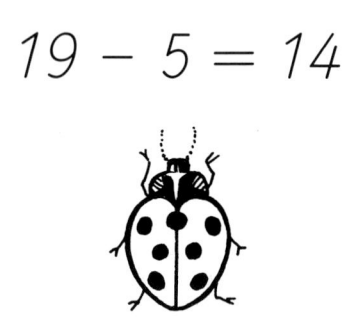

$2 + 2 = 4$

$3 - 3 = 0$

$7 + 1 = 8$

$4 - 2 = 2$

$6 - 2 = 4$

$1 + 5 = 6$

$1 + 9 = 10$

$2 + 3 = 5$

$9 - 5 = 4$

$8 - 3 = 5$

$3 + 4 = 7$

$9 - 6 = 3$

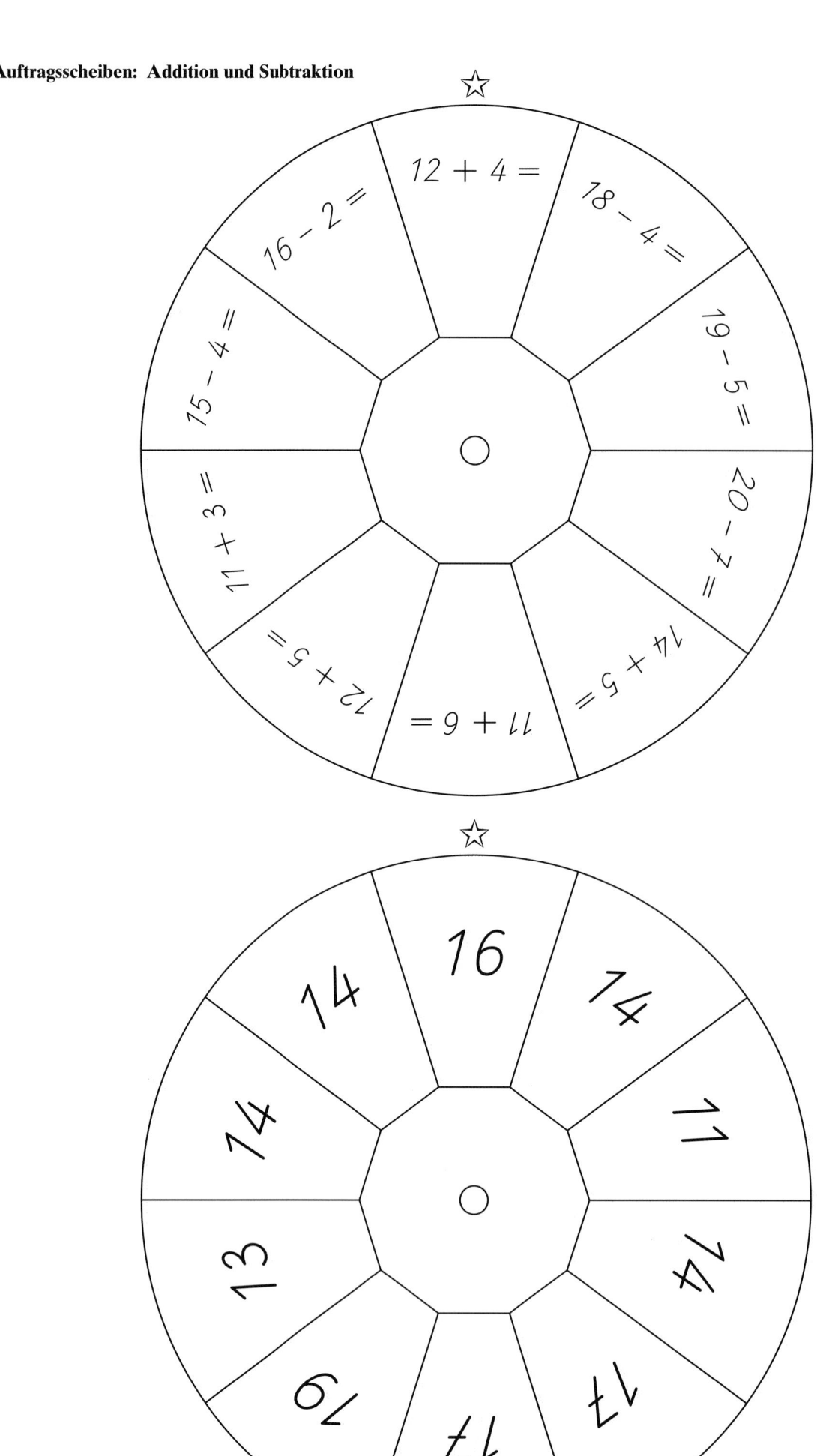

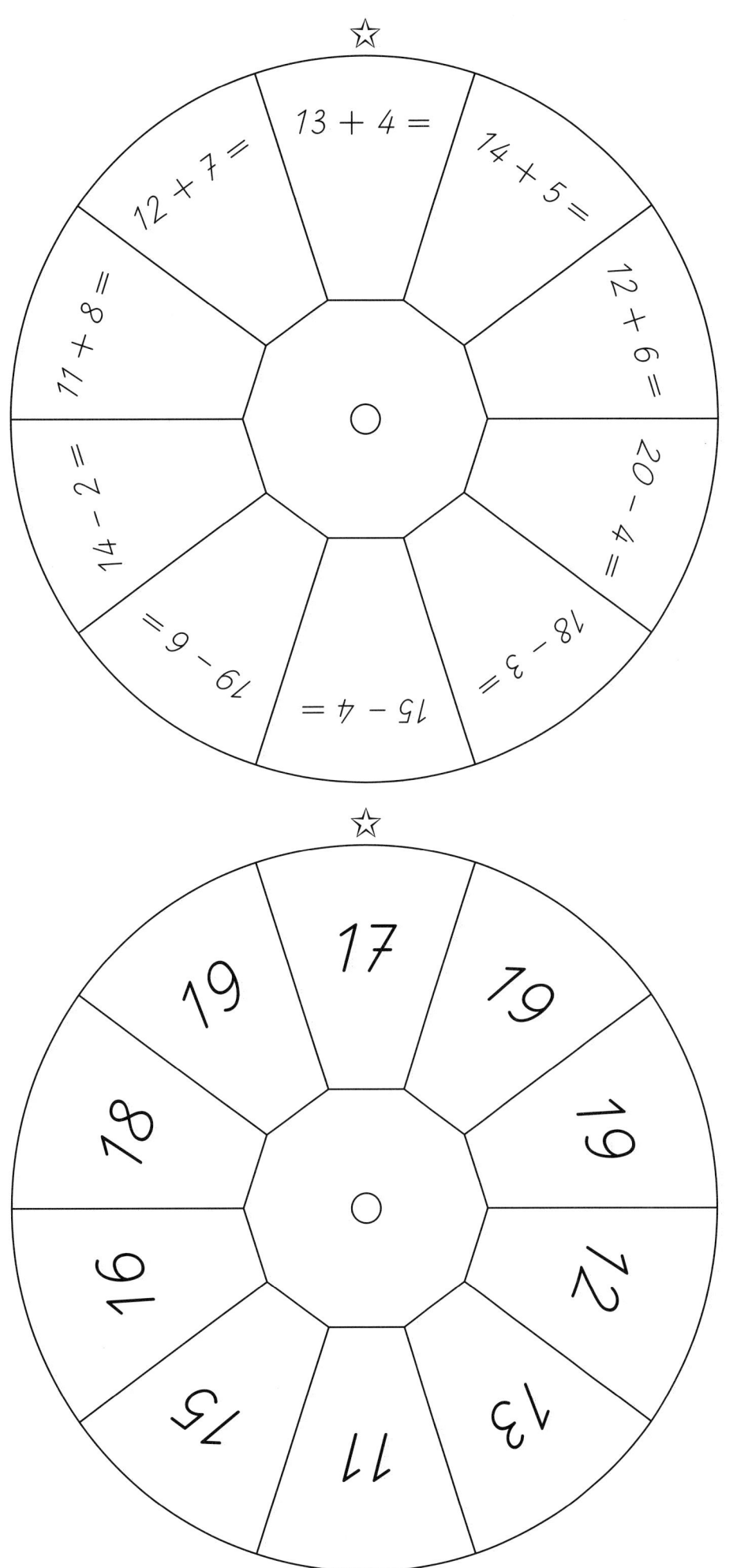

Klammerkarten: Addition und Subtraktion

	18	15	14	19	15	14	19	18	14	14	15	16
		12 + 4 =			14 + 5 =			12 + 6 =			16 − 3 =	
	12	13	16	20	18	16	15	17	20	12	13	10

	18	19	16	13	10	14	15	14	16	19	18	14
		17 + 3 =			14 − 3 =			20 − 6 =			11 + 7 =	
	20	14	15	15	11	12	13	17	18	17	16	15

Stöpselkarte: Vergleichen von Rechenausdrücken (Addition)

Stöpsle in der richtigen Farbe: > 🌑 gelb, < 🌑 rot, = 🌑 grün!

Reihe 1	Reihe 2	Reihe 3
10 + 6 ○ 15	19 + 1 ○ 19	12 + 5 ○ 17
12 + 7 ○ 18	15 + 2 ○ 17	13 + 6 ○ 19
17 + 3 ○ 20	13 + 5 ○ 19	13 + 4 ○ 17
12 + 6 ○ 17	14 + 5 ○ 16	17 + 1 ○ 14
13 + 4 ○ 16	11 + 3 ○ 15	18 + 2 ○ 15
15 + 4 ○ 20	12 + 2 ○ 13	13 + 5 ○ 17
16 + 3 ○ 19	11 + 6 ○ 16	14 + 4 ○ 19
11 + 6 ○ 18	17 + 3 ○ 19	17 + 2 ○ 18

Stöpsle in der richtigen Farbe! > 🌙 gelb, < 🌙 rot, = 🌙 grün!

$18 - 1 \bigcirc 16$	$14 - 3 \bigcirc 11$	$20 - 5 \bigcirc 15$
$19 - 3 \bigcirc 16$	$15 - 2 \bigcirc 14$	$19 - 3 \bigcirc 14$
$20 - 7 \bigcirc 14$	$18 - 4 \bigcirc 13$	$17 - 3 \bigcirc 15$
$14 - 2 \bigcirc 13$	$19 - 6 \bigcirc 14$	$18 - 2 \bigcirc 16$
$15 - 4 \bigcirc 12$	$20 - 8 \bigcirc 11$	$19 - 8 \bigcirc 12$
$17 - 5 \bigcirc 13$	$19 - 8 \bigcirc 14$	$12 - 1 \bigcirc 10$
$18 - 6 \bigcirc 11$	$18 - 6 \bigcirc 13$	$14 - 4 \bigcirc 11$
$19 - 5 \bigcirc 13$	$17 - 4 \bigcirc 13$	$15 - 2 \bigcirc 13$

Stöpselkarte: Vergleichen von Rechenausdrücken (Addition und Subtraktion)

Stöpsle in der richtigen Farbe: > ◗ gelb, < ◗ rot, = ◗ grün!

12 + 5 ○ 14 + 6	14 + 5 ○ 20 − 4	17 + 3 ○ 20 − 1
13 − 1 ○ 12 + 2	14 − 3 ○ 11 + 1	16 − 4 ○ 19 − 3
18 − 6 ○ 14 − 2	12 + 7 ○ 18 + 2	15 + 4 ○ 19 − 4
14 + 4 ○ 17 + 1	11 + 9 ○ 20 − 0	12 + 7 ○ 20 − 1
11 + 3 ○ 15 − 2	13 − 1 ○ 14 − 2	13 + 6 ○ 14 + 2
14 + 2 ○ 16 − 4	11 + 3 ○ 14 − 2	15 − 2 ○ 10 + 3
18 − 2 ○ 20 − 4	11 + 5 ○ 16 − 2	18 + 1 ○ 11 + 8
13 − 3 ○ 17 − 5	17 − 1 ○ 18 − 2	17 − 2 ○ 12 + 2

Lernschieber: Tauschaufgaben

	$11+5=16$		$12+3=15$
$5+11=16$	$12+2=14$	$3+12=15$	$14+5=19$
$2+12=14$	$13+3=16$	$5+14=19$	$11+3=14$
$3+13=16$	$15+4=19$	$3+11=14$	$12+6=18$
$4+15=19$	$13+7=20$	$6+12=18$	$13+5=18$
$7+13=20$	$14+6=20$	$5+13=18$	$14+1=15$
$6+14=20$	$18+1=19$	$1+14=15$	$16+2=18$
$1+18=19$		$2+16=18$	

Lernschieber: Umkehraufgaben

	$12 + 3 = 15$		$13 - 2 = 11$
$15 - 3 = 12$	$14 + 4 = 18$	$11 + 2 = 13$	$16 - 5 = 11$
$18 - 4 = 14$	$13 + 3 = 16$	$11 + 5 = 16$	$14 - 2 = 12$
$16 - 3 = 13$	$12 + 6 = 18$	$12 + 2 = 14$	$19 - 6 = 13$
$18 - 6 = 12$	$11 + 7 = 18$	$13 + 6 = 19$	$20 - 7 = 13$
$18 - 7 = 11$	$12 + 4 = 16$	$13 + 7 = 20$	$19 - 8 = 11$
$16 - 4 = 12$	$11 + 3 = 14$	$11 + 8 = 19$	$16 - 2 = 14$
$14 - 3 = 11$		$14 + 2 = 16$	

Pfeildomino: Addition (Platzhalter in der Mitte)

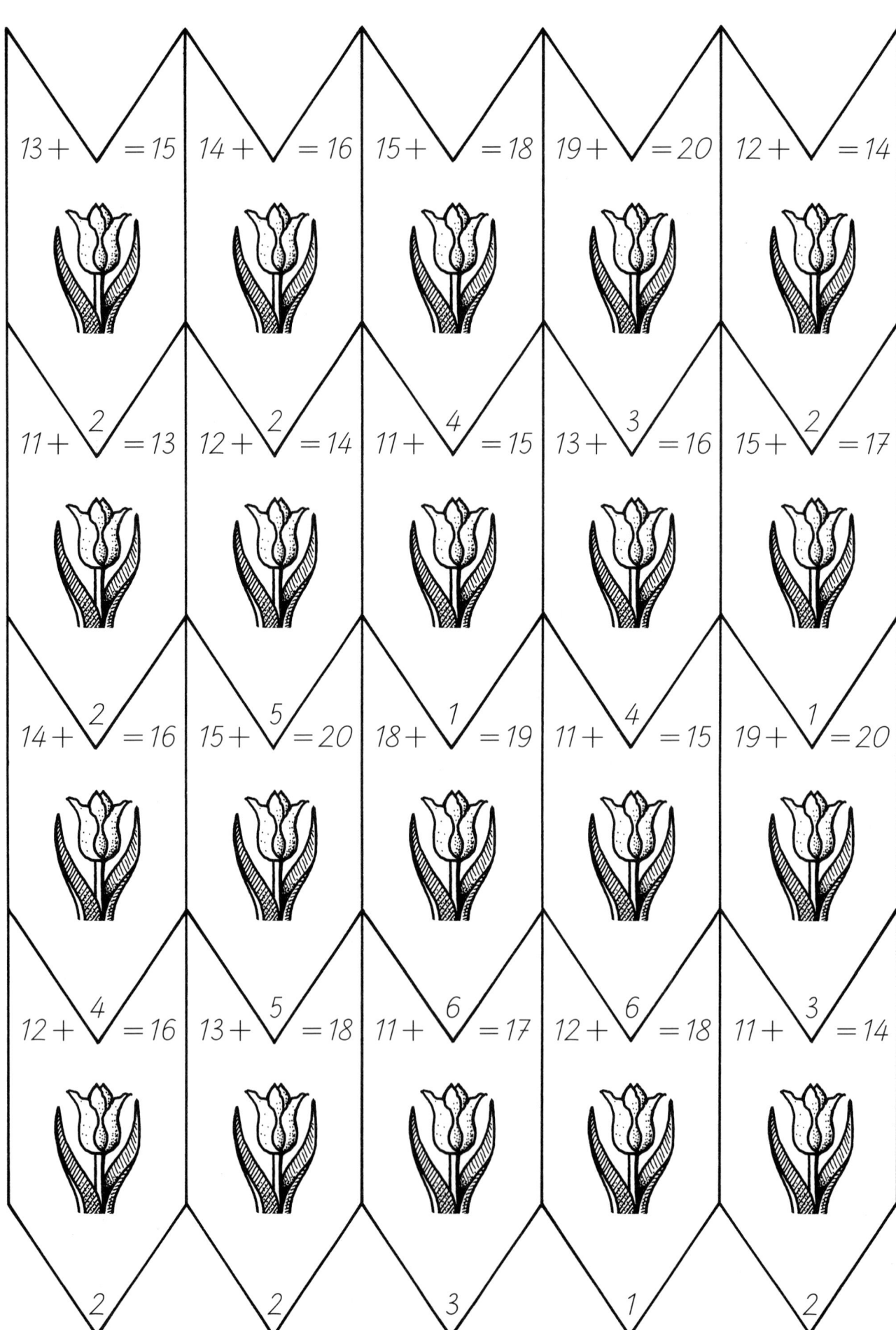

$13 + \boxed{} = 15$ $14 + \boxed{} = 16$ $15 + \boxed{} = 18$ $19 + \boxed{} = 20$ $12 + \boxed{} = 14$

$11 + \overset{2}{\boxed{}} = 13$ $12 + \overset{2}{\boxed{}} = 14$ $11 + \overset{4}{\boxed{}} = 15$ $13 + \overset{3}{\boxed{}} = 16$ $15 + \overset{2}{\boxed{}} = 17$

$14 + \overset{2}{\boxed{}} = 16$ $15 + \overset{5}{\boxed{}} = 20$ $18 + \overset{1}{\boxed{}} = 19$ $11 + \overset{4}{\boxed{}} = 15$ $19 + \overset{1}{\boxed{}} = 20$

$12 + \overset{4}{\boxed{}} = 16$ $13 + \overset{5}{\boxed{}} = 18$ $11 + \overset{6}{\boxed{}} = 17$ $12 + \overset{6}{\boxed{}} = 18$ $11 + \overset{3}{\boxed{}} = 14$

2   2   3   1   2

Lernschieber: Addition, Subtraktion (Platzhalter vorn)

	$\square + 5 = 18$		$\square - 2 = 13$
13	$\square + 6 = 18$	15	$\square - 1 = 17$
12	$\square + 2 = 15$	18	$\square - 4 = 14$
13	$\square + 1 = 19$	18	$\square - 5 = 14$
18	$\square + 3 = 17$	19	$\square - 3 = 13$
14	$\square + 3 = 19$	16	$\square - 7 = 11$
16	$\square + 2 = 18$	18	$\square - 3 = 15$
16		18	

Ich sage dir eine Zahl und du suchst das Doppelte. Nach jeder Zahl hörst du die Frage: Wie heißt das Doppelte?

Beispiel:

5 Wie heißt das Doppelte?

Du flüsterst: Das Doppelte von 5 ist gleich 10.

Wie heißt das Doppelte?	12	8	16	14	18	6	10	20
	6	4	8	7	9	3	5	10

Suche nun die Hälfte!

Wie heißt die Hälfte?	7	3	9	10	5	6	4	8
	14	6	18	20	10	12	8	16

Klammerkarten: Gerade und ungerade Zahlen

ungerade								
	1	5	17	19	16	2	11	9
gerade								

ungerade								
	13	14	18	10	6	3	12	4
gerade								

3.3 Addieren und Subtrahieren mit Zehnerübergang

Klammerkarten: Sprung über den Zehner (Addition)
Welche Aufgabe ist für den Sprung über den Zehner richtig?

8+3+4	8+6+1	8+2+5	9+2+3	9+4+1	9+5+0	2+8+1	2+7+2	2+5+4	4+5+3	4+6+2	4+1+7
	8 + 7			9 + 5			2 + 9			4 + 8	
8+4+3	8+1+6	8+5+2	9+1+4	9+3+2	9+0+5	2+1+8	2+4+5	2+6+3	4+2+6	4+4+4	4+3+5

6+4+1	6+3+2	6+0+5	7+4+3	7+5+2	7+1+6	8+4+2	8+2+4	8+3+3	9+5+2	9+3+4	9+4+3
	6 + 5			7 + 7			8 + 6			9 + 7	
6+2+3	6+5+0	6+1+4	7+6+1	7+2+5	7+3+4	8+5+1	8+1+5	8+6+0	9+6+1	9+1+6	9+2+5

Auftragsscheibe: Sprung über den Zehner (Addition)

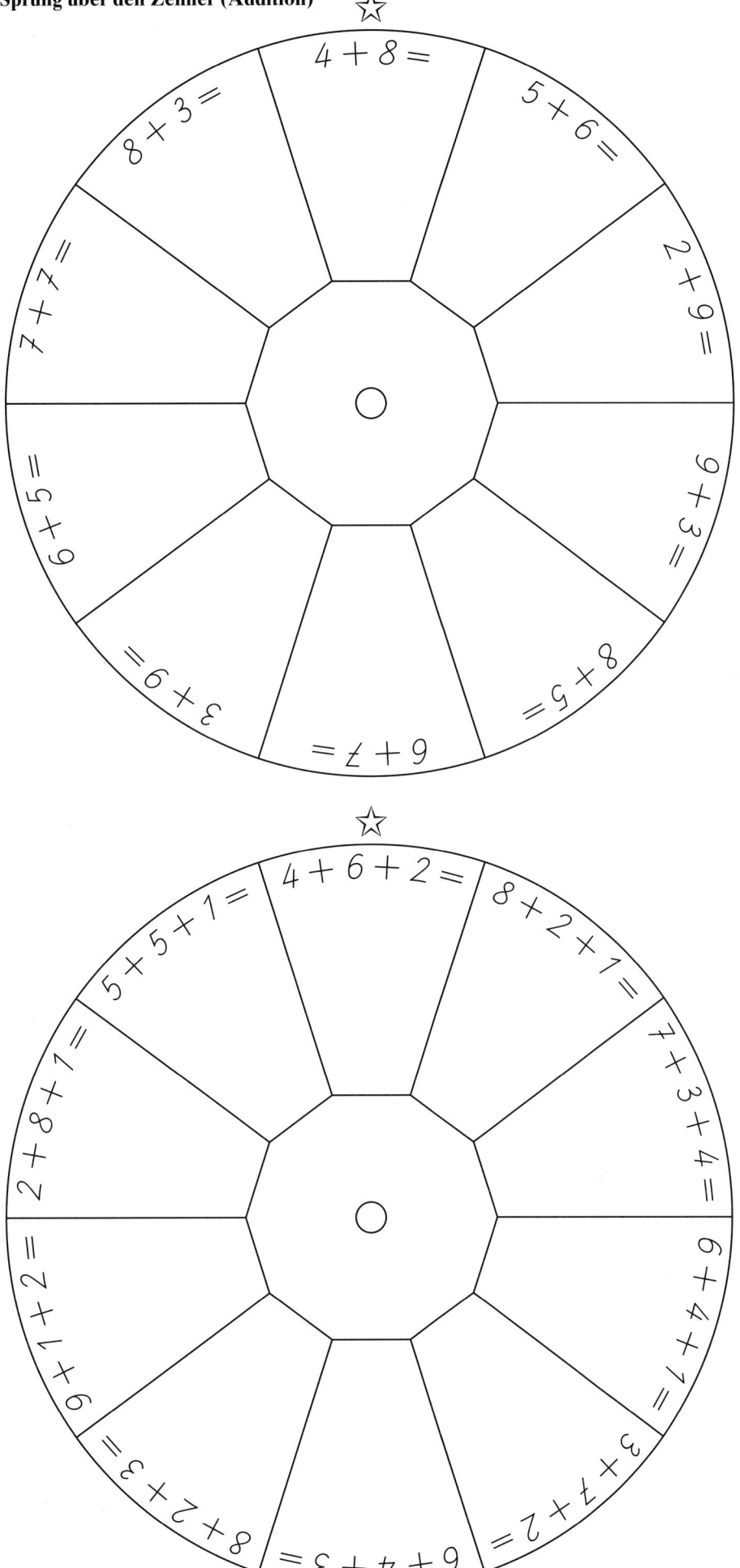

	$6+5=$		$3+9=$
$6+4+1=$	$3+8=$	$3+7+2=$	$4+7=$
$3+7+1=$	$5+9=$	$4+6+1=$	$5+6=$
$5+5+4=$	$6+6=$	$5+5+1=$	$4+8=$
$6+4+2=$	$7+5=$	$4+6+2=$	$8+8=$
$7+3+2=$	$8+6=$	$8+2+6=$	$9+9=$
$8+2+4=$	$9+4=$	$9+1+8=$	$6+7=$
$9+1+3=$		$6+4+3=$	

Memory: Sprung über den Zehner (Addition)

6 + 5 = 	7 + 4 = 	6 + 6 = 
8 + 9 = 	9 + 4 = 	8 + 5 = 
7 + 7 = 	9 + 2 = 	8 + 8 = 
7 + 6 = 	5 + 9 = 	8 + 6 = 

6 + 4 + 1 = 	7 + 3 + 1 = 	6 + 4 + 2 = 
8 + 2 + 7 = 	9 + 1 + 3 = 	8 + 2 + 3 = 
7 + 3 + 4 = 	9 + 1 + 1 = 	8 + 2 + 6 = 
7 + 3 + 3 = 	5 + 5 + 4 = 	8 + 2 + 4 = 

Domino: Sprung über den Zehner (Addition)

A
Anfang

$8 + 4 =$

$8+2+2=$ $9 + 3 =$

$9+1+2=$ $4 + 7 =$

$4+6+1=$ $5 + 8 =$

$5+5+3=$ $6 + 9 =$

$6+4+5=$ $7 + 7 =$

$7+3+4=$ $8 + 9 =$

$8+2+7=$ $9 + 4 =$

143

9+1+3=

2 + 9 =

2+8+1=

3 + 8 =

3+7+1=

9 + 6 =

9+1+5=

8 + 8 =

8+2+6=

4 + 9 =

4+6+3=

7 + 5 =

7+3+2=

4 + 9 =

4+6+3=

E
Ende

Stöpselkarten: Sprung über den Zehner (Addition)

Zerlege im Kopf und stöpsle das Ergebnis!

Zerlege im Kopf und stöpsle das Ergebnis!			
$9 + 4 =$	12	13	11
$6 + 7 =$	13	12	11
$3 + 9 =$	11	12	13
$9 + 9 =$	17	16	18
$6 + 8 =$	13	15	14
$8 + 4 =$	11	12	13
$9 + 4 =$	13	14	15
$8 + 7 =$	16	15	17

Zerlege im Kopf und stöpsle das Ergebnis!			
$8 + 4 =$	12	14	15
$9 + 8 =$	14	15	17
$6 + 5 =$	10	11	12
$7 + 7 =$	15	14	13
$8 + 5 =$	13	12	14
$6 + 6 =$	11	12	14
$9 + 7 =$	17	15	16
$2 + 9 =$	12	11	13

Klammerkarten: Sprung über den Zehner (Subtraktion)
Welche Aufgabe ist für den Sprung über den Zehner richtig?

| 14 − 3 − 3 | 14 − 4 − 2 | 14 − 5 − 1 | 15 − 4 − 5 | 15 − 6 − 3 | 15 − 3 − 6 | 18 − 9 − 0 | 18 − 8 − 1 | 18 − 7 − 2 | 12 − 3 − 4 | 12 − 2 − 5 | 12 − 6 − 1 |

14 − 6   **15 − 9**   **18 − 9**   **12 − 7**

| 14 − 6 − 0 | 14 − 1 − 5 | 14 − 2 − 4 | 15 − 7 − 2 | 15 − 5 − 4 | 15 − 2 − 7 | 18 − 5 − 4 | 18 − 6 − 3 | 18 − 2 − 7 | 12 − 4 − 3 | 12 − 5 − 2 | 12 − 1 − 6 |

| 11 − 1 − 5 | 11 − 2 − 4 | 11 − 3 − 3 | 13 − 6 − 3 | 13 − 4 − 5 | 13 − 2 − 7 | 14 − 2 − 6 | 14 − 4 − 4 | 14 − 6 − 2 | 11 − 7 − 1 | 11 − 2 − 6 | 11 − 1 − 7 |

11 − 6   **13 − 9**   **14 − 8**   **11 − 8**

| 11 − 4 − 2 | 11 − 5 − 1 | 11 − 4 − 2 | 13 − 7 − 2 | 13 − 5 − 4 | 13 − 3 − 6 | 14 − 3 − 5 | 14 − 7 − 1 | 14 − 1 − 7 | 11 − 5 − 3 | 11 − 6 − 2 | 11 − 3 − 5 |

Auftragsscheibe: Sprung über den Zehner (Subtraktion) ☆

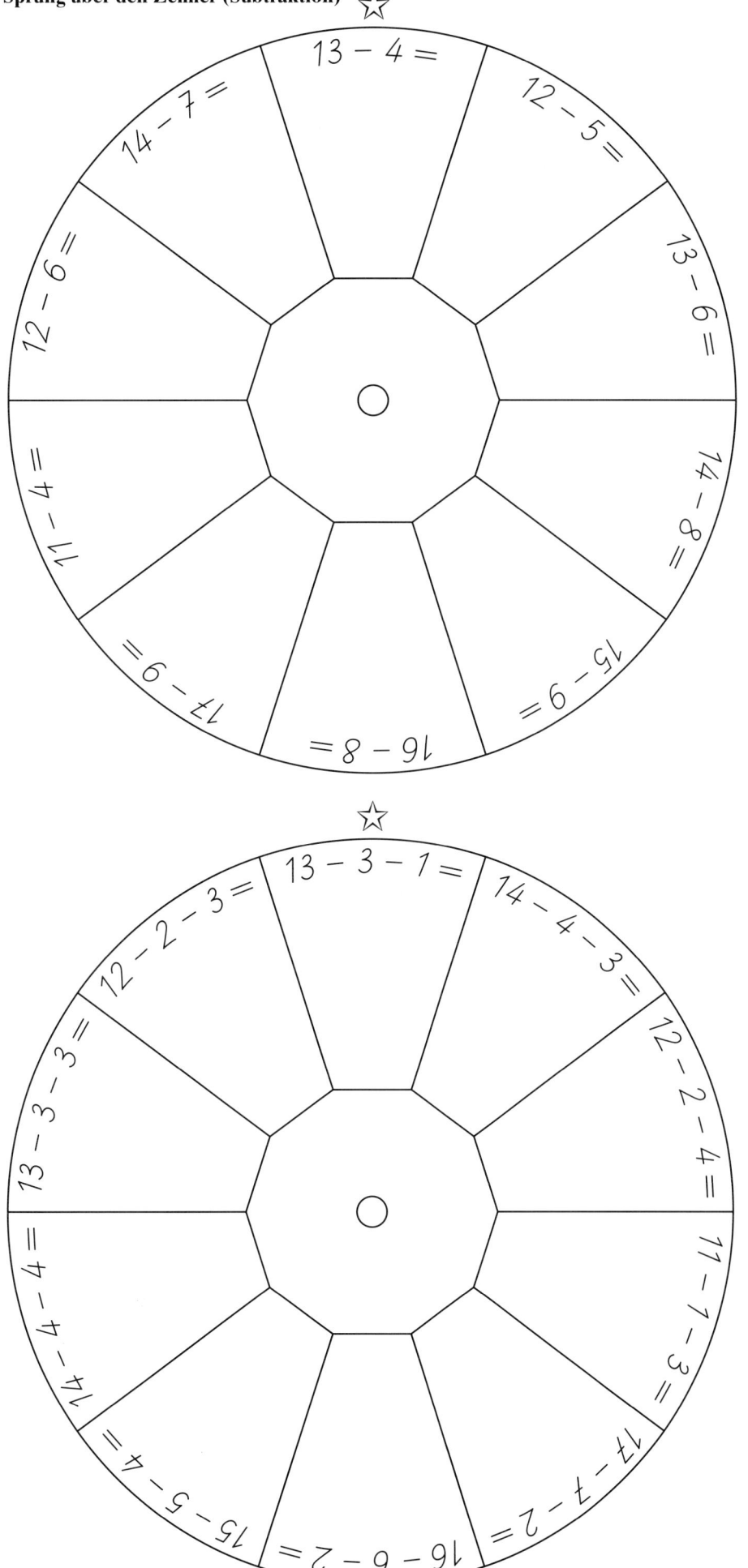

Lernschieber: Sprung über den Zehner (Subtraktion)

	$12 - 9 =$		$11 - 4 =$
$12 - 2 - 7 =$	$14 - 6 =$	$11 - 1 - 3 =$	$14 - 5 =$
$14 - 4 - 2 =$	$15 - 8 =$	$14 - 4 - 1 =$	$16 - 9 =$
$15 - 5 - 3 =$	$12 - 4 =$	$16 - 6 - 3 =$	$17 - 8 =$
$12 - 2 - 2 =$	$18 - 9 =$	$17 - 7 - 1 =$	$13 - 6 =$
$18 - 8 - 1 =$	$11 - 6 =$	$13 - 3 - 3 =$	$14 - 7 =$
$11 - 1 - 5 =$	$13 - 7 =$	$14 - 4 - 3 =$	$17 - 9 =$
$13 - 3 - 4 =$		$17 - 7 - 2 =$	

Memory: Sprung über den Zehner (Subtraktion)

12 – 9 =	11 – 8 =	12 – 6 =

18 – 9 =	14 – 5 =	12 – 7 =

13 – 8 =	14 – 7 =	11 – 9 =

13 – 7 =	16 – 8 =	11 – 8 =

12 − 2 − 7 =	11 − 1 − 7 =	12 − 2 − 4 =

18 − 8 − 1 =	14 − 4 − 1 =	12 − 2 − 5 =

13 − 3 − 5 =	14 − 4 − 3 =	11 − 1 − 8 =

13 − 3 − 4 =	16 − 6 − 2 =	11 − 1 − 7 =

Domino: Sprung über den Zehner (Subtraktion)

A

Anfang

11 – 4 =

11 – 1 – 3 =

12 – 5 =

12 – 2 – 3 =

16 – 8 =

16 – 6 – 2 =

16 – 9 =

16 – 6 – 3 =

17 – 9 =

17 – 7 – 2 =

11 – 7 =

11 – 1 – 6 =

12 – 6 =

12 – 2 – 4 =

18 – 9 =

$18 - 8 - 1 =$

$11 - 2 =$

$11 - 1 - 1 =$

$12 - 8 =$

$12 - 2 - 6 =$

$13 - 9 =$

$13 - 3 - 6 =$

$16 - 7 =$

$16 - 6 - 1 =$

$12 - 4 =$

$12 - 2 - 2 =$

$11 - 3 =$

$11 - 1 - 2 =$

$14 - 6 =$

$14 - 4 - 2 =$

E
Ende

Stöpselkarten: Sprung über den Zehner (Subtraktion)

Zerlege im Kopf und stöpsle das Ergebnis!

Aufgabe			
12 − 7 =	4	5	6
13 − 8 =	5	6	3
14 − 7 =	6	7	8
15 − 9 =	5	6	7
16 − 8 =	8	9	7
17 − 9 =	8	3	5
12 − 3 =	7	8	9
14 − 6 =	7	6	8

Zerlege im Kopf und stöpsle das Ergebnis!

Aufgabe			
11 − 9 =	1	2	3
12 − 4 =	8	7	6
18 − 9 =	8	9	7
11 − 6 =	5	4	6
12 − 5 =	7	6	8
14 − 8 =	5	4	6
15 − 7 =	7	9	8
16 − 9 =	6	7	8

4. Die Zahlen bis 100

4.1 Rechnen mit Zehnerzahlen

Stöpselkarten: Vorgänger – Nachfolger

Stöpsle den Zehner-Nachfolger!

30	90	70	20	80	60	50	40
30	60	60	60	60	40	60	50
40	90	80	50	70	50	30	30
50	100	70	30	80	60	20	40
60	80	100	20	100	70	50	60
70	70	40	40	90	30	40	70

Stöpsle den Zehner-Vorgänger!

50	60	90	20	30	70	80	90
60	60	80	0	40	60	80	100
50	40	100	40	20	50	40	90
40	30	90	10	10	40	90	70
30	50	70	30	30	70	60	80
20	70	60	20	50	80	70	60

154

$10 + 30 = 40$

$20 + 50 = 70$

$90 - 30 = 60$

$50 + 50 = 100$

$80 - 40 = 40$

$70 - 30 = 40$

$30 + 30 = 60$

$50 + 40 = 90$

$60 + 10 = 70$

$70 - 40 = 30$

$60 - 20 = 40$

$80 - 30 = 50$

$1 + 3 = 4$

$2 + 5 = 7$

$9 - 3 = 6$

$5 + 5 = 10$

$8 - 4 = 4$

$7 - 3 = 4$

$3 + 3 = 6$

$5 + 4 = 9$

$6 + 1 = 7$

$7 - 4 = 3$

$6 - 2 = 4$

$8 - 3 = 5$

Lernschieber: Addieren von Geldwerten

	50 10 10 10		10
80 Pf	50 10	10 Pf	10 10 10 10 10
60 Pf	10 10 10 10	50 Pf	10 10
40 Pf	50	20 Pf	10 10 10 10 10 10
50 Pf	10 10 10	60 Pf	50 10 10
30 Pf	50 50	70 Pf	10 10 10
100 Pf = 1 DM	50 10 10 10 10	30 Pf	10 10 10 10
90 Pf		40 Pf	

Stöpselkarte: Vergleichen von Rechenausdrücken

Stöpsle in der richtigen Farbe: > 🌑 gelb, < 🌑 rot, = 🌑 grün!

50 – 20 ○ 10	10 + 90 ○ 100	80 – 40 ○ 40	20 + 60 ○ 70	40 – 20 ○ 10	50 – 40 ○ 10	80 + 20 ○ 90	10 + 90 ○ 80
50 – 30 ○ 20	80 – 40 ○ 30	90 – 50 ○ 10	90 – 10 ○ 70	80 – 50 ○ 30	50 – 10 ○ 30	40 – 30 ○ 20	100 – 20 ○ 70
50 + 30 ○ 80	60 + 20 ○ 90	50 + 40 ○ 70	80 + 10 ○ 90	10 + 70 ○ 80	20 + 30 ○ 50	50 + 30 ○ 90	40 + 20 ○ 60

Stöpsle das richtige Ergebnis!

Aufgabe			
$40 - 20 =$	10	20	40
$50 - 30 =$	20	10	40
$60 - 40 =$	10	20	30
$100 - 30 =$	70	40	60
$70 - 60 =$	20	100	10
$80 - 40 =$	30	20	40
$40 - 30 =$	20	10	30
$70 - 20 =$	50	40	30

Stöpsle das richtige Ergebnis!

Aufgabe			
$10 + 60 =$	60	70	80
$20 + 30 =$	50	40	60
$40 + 50 =$	90	100	80
$50 + 30 =$	90	100	80
$80 + 10 =$	80	90	70
$10 + 90 =$	100	80	90
$20 + 40 =$	50	40	60
$40 + 30 =$	60	40	70

Zwei Aufgaben sind falsch. Stöpsle die richtige!

10	50 − 40	100 − 20	80 − 60
30	100 − 60	10 + 20	40 − 20
50	50 − 10	40 + 20	100 − 50
80	90 − 10	10 + 80	20 + 50
90	100 − 20	40 + 50	10 + 70
40	50 − 20	20 + 30	10 + 30
60	90 − 30	80 − 30	90 − 40
20	80 − 50	80 − 60	80 − 70

Zwei Aufgaben sind richtig. Stöpsle die falsche!

50	10 + 40	60 − 20	20 + 30
70	10 + 50	90 − 20	10 + 60
80	20 + 60	100 − 30	10 + 70
90	40 + 40	100 − 10	20 + 70
30	10 + 20	10 + 10	100 − 70
60	40 + 10	90 − 30	10 + 50
40	20 + 20	60 − 20	10 + 40
20	60 − 40	80 − 60	80 − 50

Pfeildomino: Addition (Platzhalter in der Mitte)

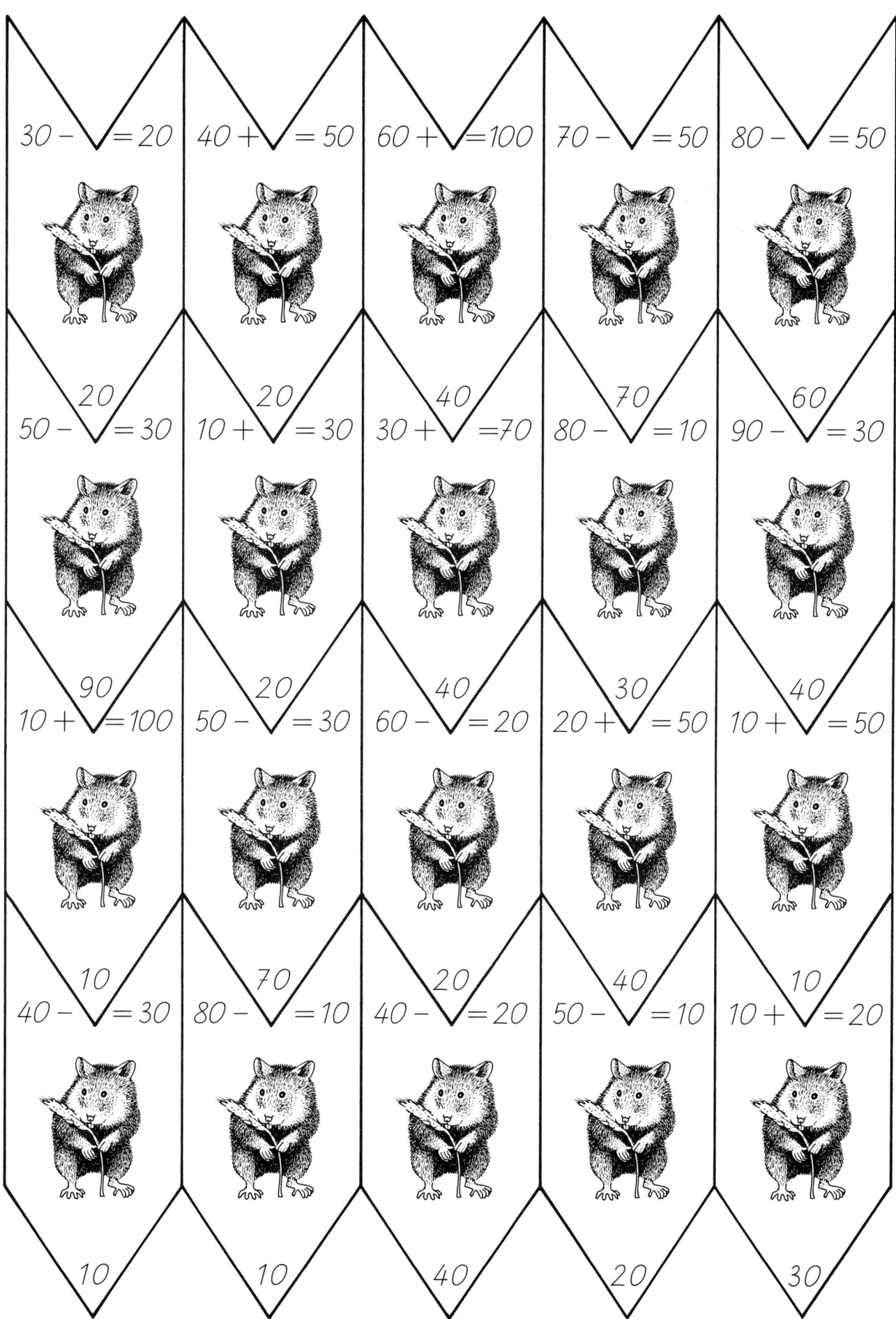

30 − ∨ = 20	40 + ∨ = 50	60 + ∨ = 100	70 − ∨ = 50	80 − ∨ = 50
20	20	40	70	60
50 − ∨ = 30	10 + ∨ = 30	30 + ∨ = 70	80 − ∨ = 10	90 − ∨ = 30
90	20	40	30	40
10 + ∨ = 100	50 − ∨ = 30	60 − ∨ = 20	20 + ∨ = 50	10 + ∨ = 50
10	70	20	40	10
40 − ∨ = 30	80 − ∨ = 10	40 − ∨ = 20	50 − ∨ = 10	10 + ∨ = 20
10	10	40	20	30

Stöpselkarten: Addition, Subtraktion (Platzhalter vorn)

Stöpsle die richtige Zahl!

Aufgabe			
□ − 10 = 90	90	100	80
□ − 20 = 70	80	100	90
□ − 40 = 50	90	80	70
□ − 10 = 70	70	80	60
□ − 30 = 40	70	60	30
□ − 20 = 10	30	40	50
□ − 40 = 60	20	100	50
□ − 30 = 70	100	40	30

Stöpsle die richtige Zahl!

Aufgabe			
□ + 10 = 60	40	50	60
□ + 20 = 70	50	20	30
□ + 30 = 100	60	70	50
□ + 60 = 80	30	10	20
□ + 40 = 80	30	40	20
□ + 20 = 30	10	20	40
□ + 30 = 50	40	20	10
□ + 40 = 90	40	30	50

Lernschieber: Addition, Subtraktion (Platzhalter vorn)

	$\square + 10 = 60$		$\square - 30 = 60$
$50 + 10 = 60$	$\square + 20 = 70$	$90 - 30 = 60$	$\square - 40 = 40$
$50 + 20 = 70$	$\square + 30 = 90$	$80 - 40 = 40$	$\square - 20 = 70$
$60 + 30 = 90$	$\square + 80 = 90$	$90 - 20 = 70$	$\square - 90 = 10$
$10 + 80 = 90$	$\square + 20 = 80$	$100 - 90 = 10$	$\square - 60 = 10$
$60 + 20 = 80$	$\square + 30 = 50$	$70 - 60 = 10$	$\square - 20 = 60$
$20 + 30 = 50$	$\square + 40 = 80$	$80 - 20 = 60$	$\square - 40 = 50$
$40 + 40 = 80$		$90 - 40 = 50$	

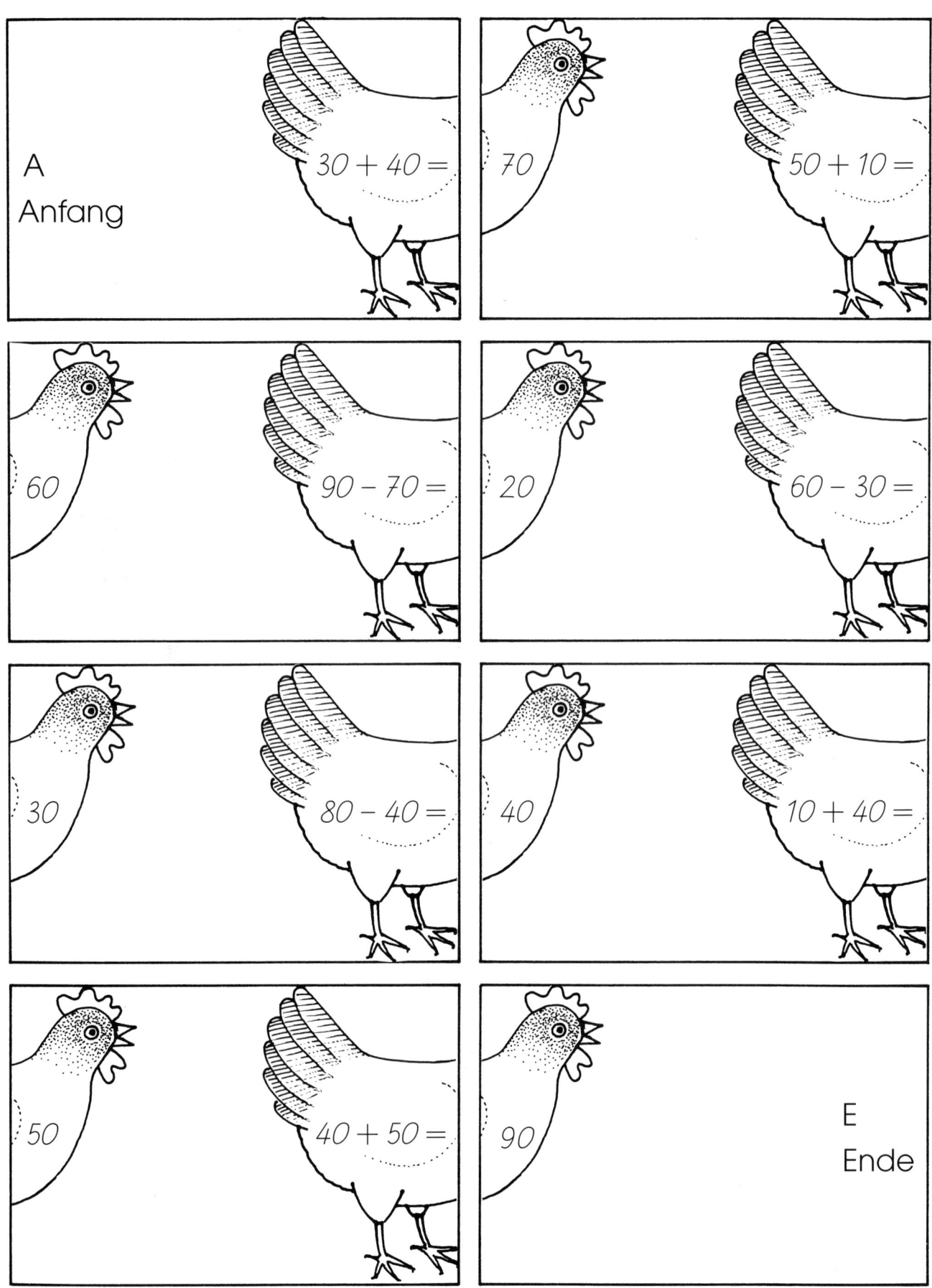

A
Anfang

$30 + 40 =$

70

$50 + 10 =$

60

$90 - 70 =$

20

$60 - 30 =$

30

$80 - 40 =$

40

$10 + 40 =$

50

$40 + 50 =$

90

E
Ende

Legespiel: Addition und Subtraktion

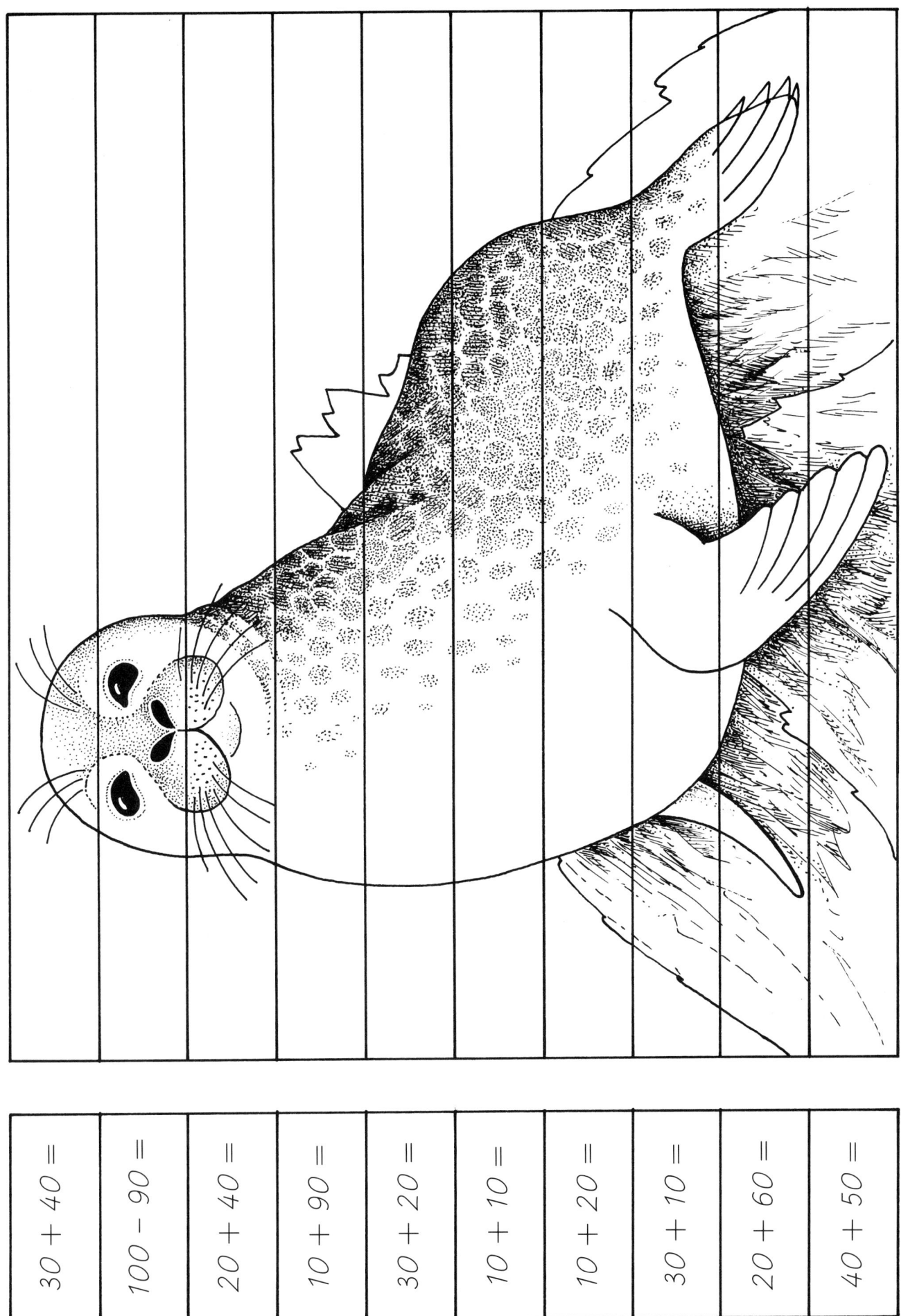

$30 + 40 =$

$100 - 90 =$

$20 + 40 =$

$10 + 90 =$

$30 + 20 =$

$10 + 10 =$

$10 + 20 =$

$30 + 10 =$

$20 + 60 =$

$40 + 50 =$

Zahlenkarten von 0 bis 9

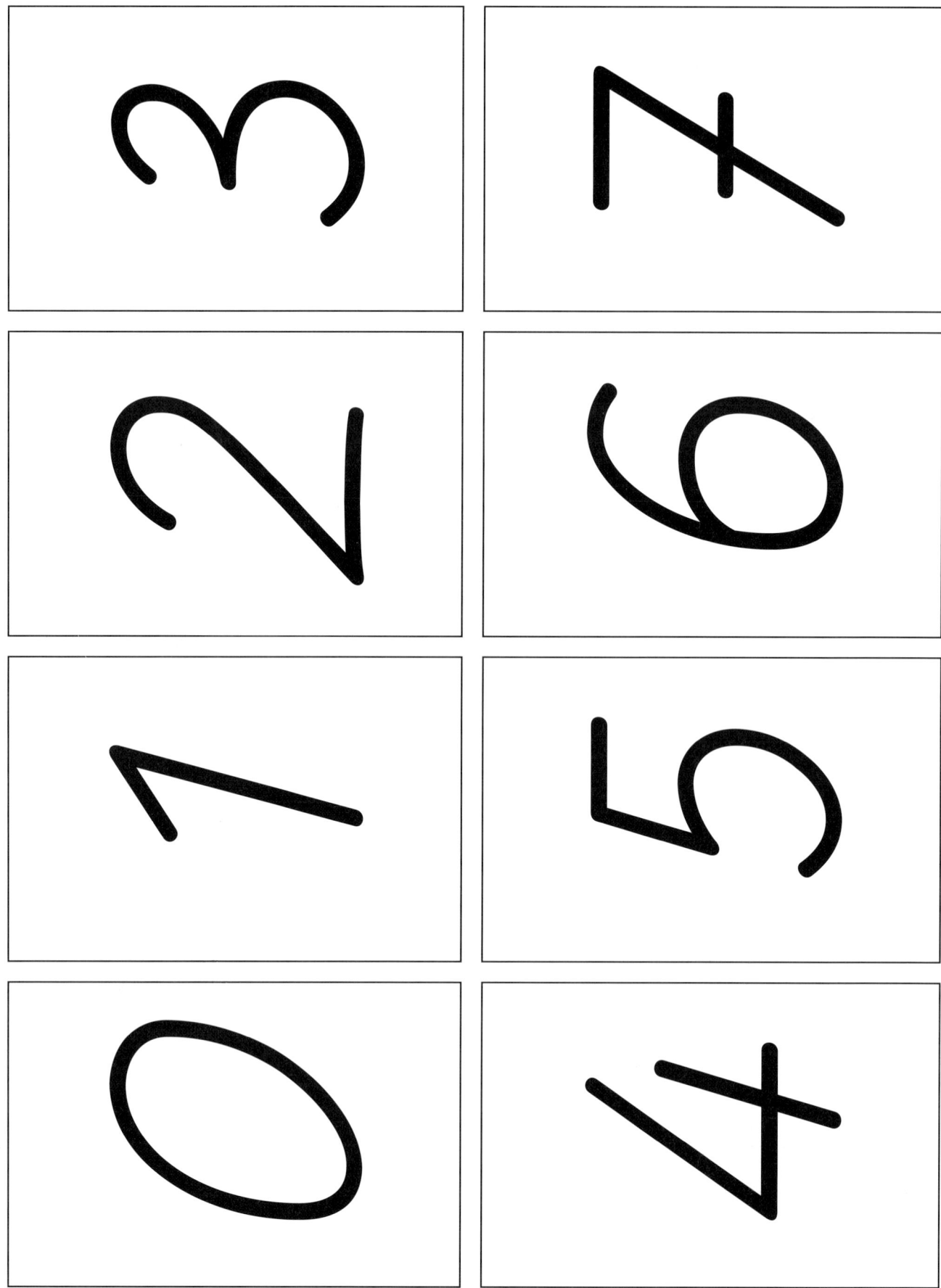

Hunderterfeld

1	2	3	4	5	6	7	8	9	10
11	12	13	14	15	16	17	18	19	20
21	22	23	24	25	26	27	28	29	30
31	32	33	34	35	36	37	38	39	40
41	42	43	44	45	46	47	48	49	50
51	52	53	54	55	56	57	58	59	60
61	62	63	64	65	66	67	68	69	70
71	72	73	74	75	76	77	78	79	80
81	82	83	84	85	86	87	88	89	90
91	92	93	94	95	96	97	98	99	100

Auftragsscheibe: Zahlen der Größe nach ordnen

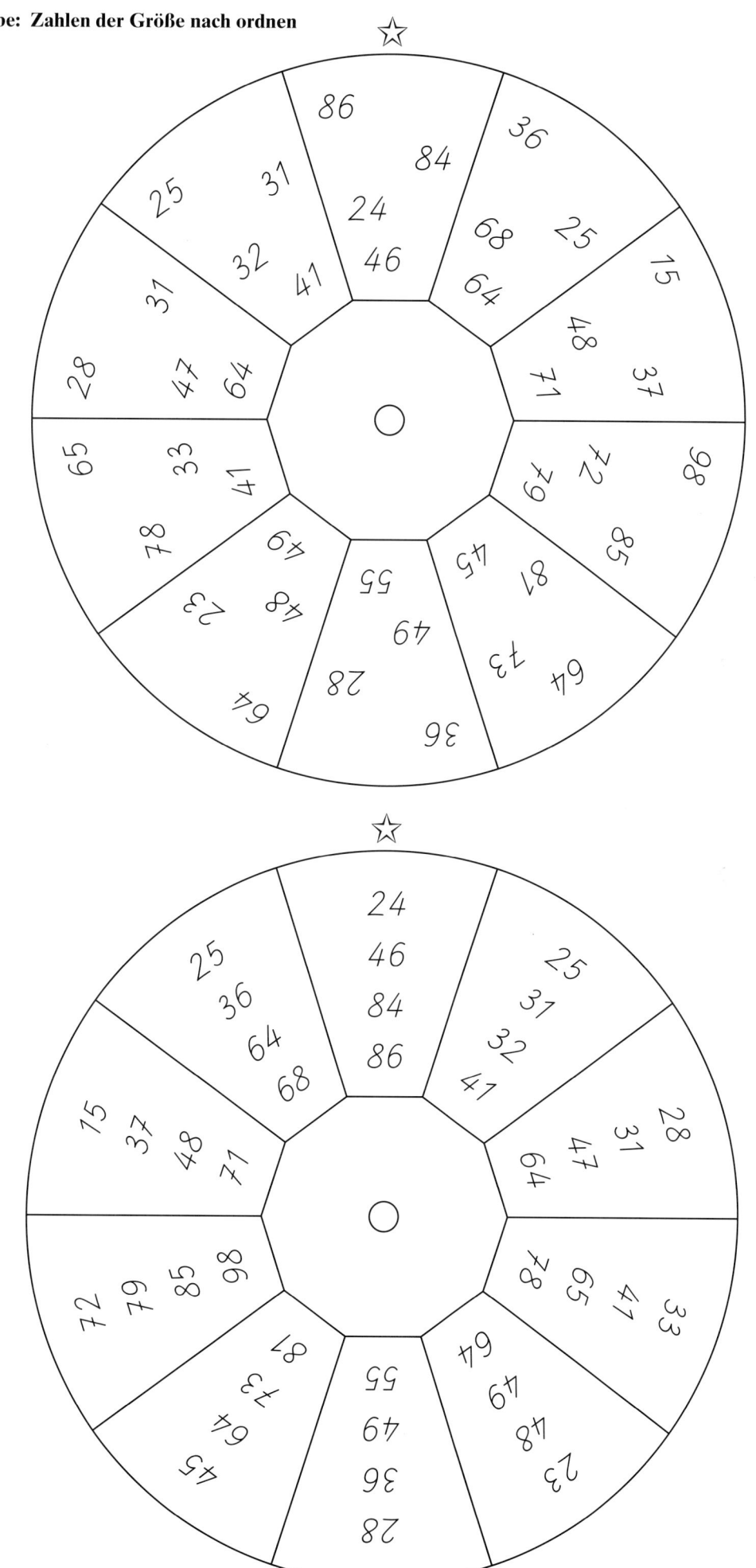

Stöpsle den Vorgänger!

38	38	37	39
50	49	50	51
49	49	48	50
24	23	24	25
36	37	35	36
25	25	26	24
34	34	35	33
46	45	44	46

Stöpsle den Vorgänger!

98	96	97	98
56	55	56	57
47	47	46	45
51	50	51	52
83	83	84	82
92	92	89	91
24	24	23	22
37	36	37	38

Stöpsle den Nachfolger!

58	58	59	57
36	37	36	35
26	25	26	27
72	71	72	73
94	93	95	94
49	50	51	48
69	70	71	69
86	86	87	85

Stöpsle den Nachfolger!

25	25	26	27
47	48	47	46
81	81	82	83
51	51	52	53
38	38	37	39
64	65	64	63
75	76	75	74
98	98	97	99

	95		23
94	63	24	36
62	74	37	71
73	68	72	69
67	56	70	89
55	89	90	94
88	94	95	46
93		47	

Stöpselkarten: Relationen > < =

Stöpsle ja 🙂 oder nein 🙁!

36 > 37		
48 < 84		
69 > 89		
56 = 56		
75 > 78		
98 < 99		
26 < 23		
35 > 34		

Stöpsle ja 🙂 oder nein 🙁!

45 > 36		
23 < 48		
91 < 19		
48 > 69		
57 < 45		
48 > 47		
23 < 84		
61 > 53		

Stöpsle die richtigen Aufgaben!

19 < 91	48 > 84
21 < 12	32 > 23
78 > 87	68 = 86
54 > 45	43 > 34
63 < 36	15 < 51
49 < 94	37 > 73
24 < 42	98 > 89
76 < 67	19 > 91

Stöpsle die richtigen Aufgaben!

46 > 64	28 < 82
71 < 17	69 > 96
45 < 54	67 > 76
34 < 43	46 > 64
52 = 25	61 > 16
79 > 97	84 < 48
53 > 35	62 < 26
39 > 93	18 < 81

72	94	18	24	45	32	36	25	99	66	99	94
26 < ◯			39 > ◯			81 > ◯			95 > ◯		
21	16	36	81	40	26	49	82	94	95	87	98

95	36	26	56	81	22	36	66	51	72	28	37
48 > ◯			29 < ◯			52 > ◯			36 < ◯		
52	47	64	17	99	21	74	48	83	33	64	18

Stöpsle die richtigen Zahlen!

○ > 79	79	75	81	97	94
○ < 89	54	89	86	90	23
○ < 91	64	92	25	94	33
○ > 29	29	73	30	80	27
○ > 31	67	31	54	30	32
○ < 54	69	54	18	53	45
○ > 56	57	45	56	79	68
○ < 66	69	65	66	18	33

Stöpsle die richtigen Zahlen!

○ > 37	37	26	38	49	15
○ < 46	45	46	48	56	23
○ = 36	35	68	36	63	18
○ < 24	24	22	45	23	71
○ > 31	31	99	84	15	32
○ > 27	28	72	25	84	27
○ < 45	34	44	54	23	45
○ < 98	33	97	72	98	99

5. Blankovorlagen

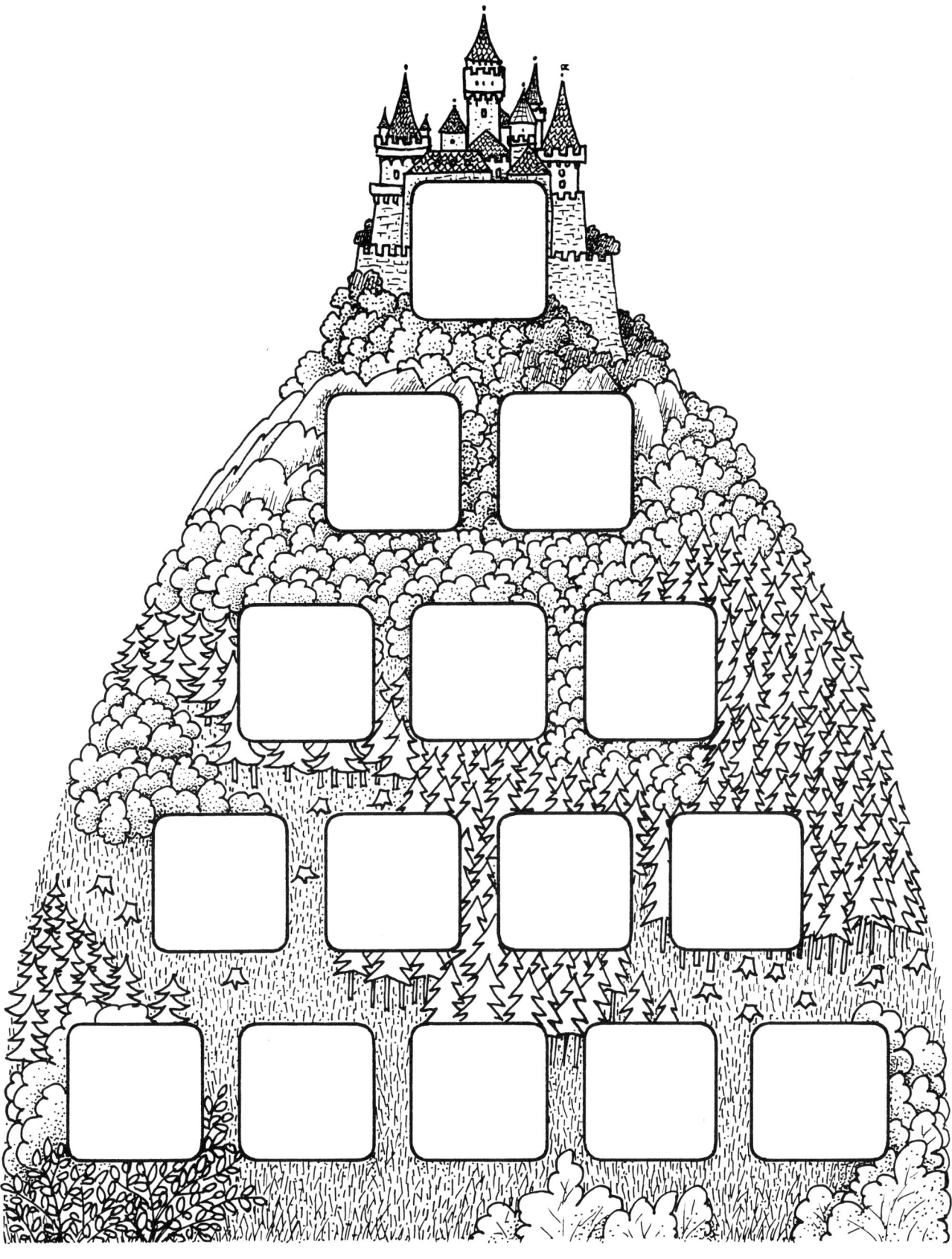

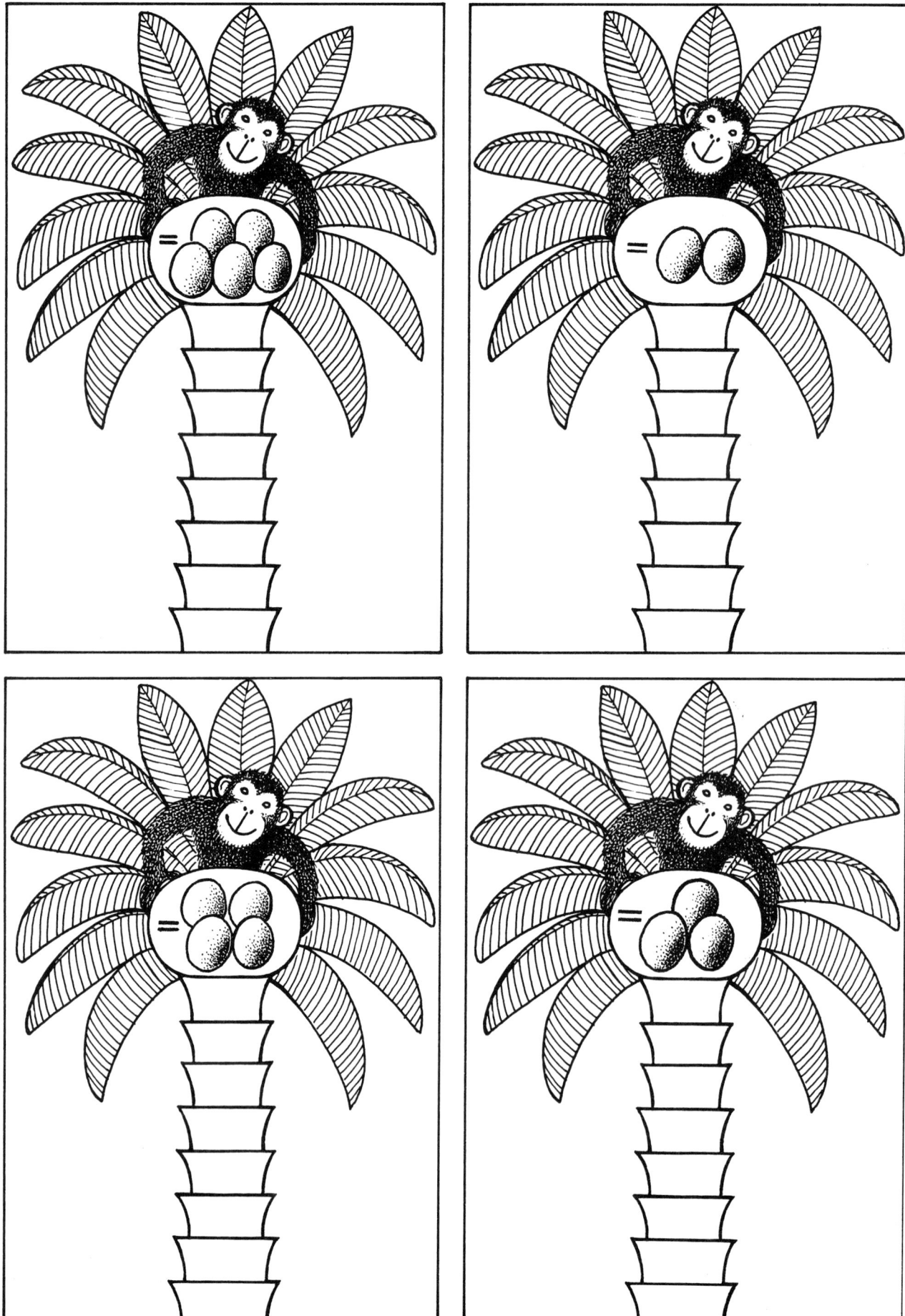

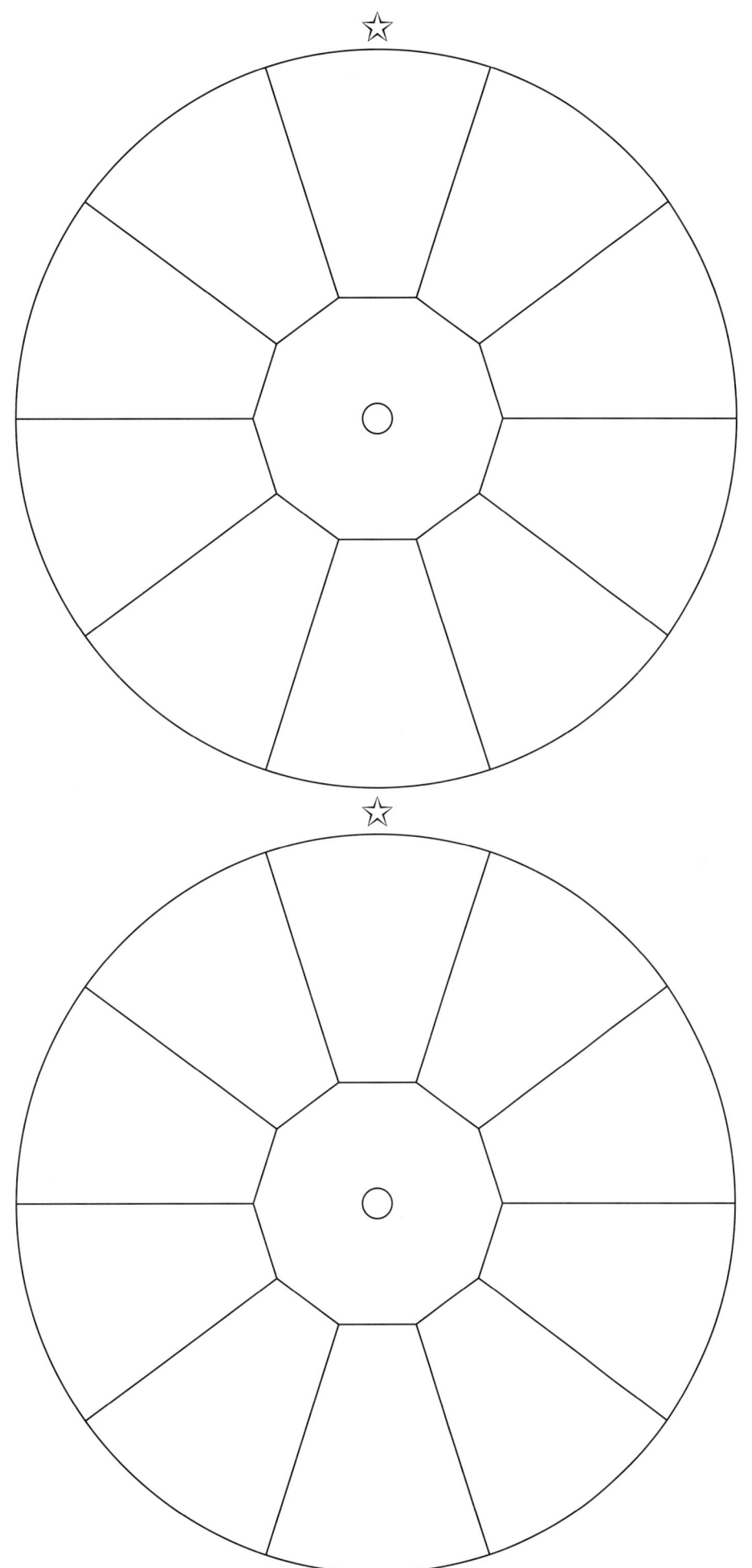

Knicken

Knicken

Klebefalz

Unterrichtshilfen für den Heimat- und Sachkundeunterricht

Sigrid Bairlein/
Gerdi Kuyten
Freiarbeit in der Heimat- und Sachkunde
Grundschule
Kopiervorlagen
1. Jahrgangsstufe
80 Seiten, DIN A4,
kartoniert.
Best.-Nr. **2010**

Sigrid Bairlein/
Gerdi Kuyten
Freiarbeit in der Heimat- und Sachkunde
Grundschule
Kopiervorlagen
2. Jahrgangsstufe
92 Seiten, DIN A4,
kartoniert.
Best.-Nr. **2110**

Sigrid Bairlein/
Gerdi Kuyten
Freiarbeit in der Heimat- und Sachkunde
Grundschule
Kopiervorlagen
3. Jahrgangsstufe
112 Seiten, DIN A4,
kartoniert.
Best.-Nr. **2249**

Sigrid Bairlein/
Gerdi Kuyten
Freiarbeit in der Heimat- und Sachkunde
Grundschule
Kopiervorlagen
4. Jahrgangsstufe
136 Seiten, DIN A4,
kartoniert.
Best.-Nr. **2338**

Diese Bände bieten für das Fach Heimat- und Sachkunde eine Sammlung von verschiedenen Materialien, die den gesamten Jahresstoff der 1.–4. Jahrgangsstufe abdecken.

Alle Spiele – Domino, Memory, Würfelspiel, Stöpselkarte, Puzzle, Lernschieber u. v. m. – werden genau beschrieben. Zusätzlich erfolgt eine Vorstellung der vielfältigen Einsatzmöglichkeiten, wobei aber der Variation und der fantasievollen Umgestaltung keine Grenzen gesetzt sind.

Alle Materialien sind aus den Kopiervorlagen sehr leicht herzustellen, eine genaue Arbeitsanleitung ist in den Büchern jeweils enthalten.

Auer Verlag GmbH
Donauwörth · Leipzig · Dortmund